なぜ、あの飲食店にお客が集まるのか

22年続くバーのマスターが
人気飲食店オーナーに聞いた
仕事と生き方のはなし

bar
bossa
林伸次

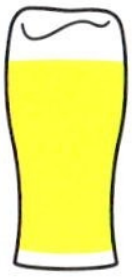

Pigalle
Tokyo

飲食は〝エンターテインメント〟になる

僕、渋谷で1997年から『bar bossa』というバーをやっているのですが、開店当初に来店していた学生の常連さんは、大手電機メーカーやテレビ局や出版社に就職したんですね。

2019年の現在、ある常連の学生さんに「どういうところに就職する予定ですか?」と質問したらこう答えました。「今、就職しても40年後にはその職種、ほとんどなくなってるはずなんです。会計士の資格とか取ってもそれがいつまで有効かわからないですし、大手メーカーもどうなるかわからない。それで、パリやロンドンで蕎麦屋をやってみようかなって思うんです」。

どう思いますか? 僕は正しいなあって思いました。多くの人たちが指摘していますが、これからAIやロボットが僕たちの仕事を代わりにやってくれるようになると、僕たちは最後、「エンターテインメント」に夢中になるはずなんですね。それは「ユーチューバー」みたいなたわいもない動画や、すごくリアルな恋愛ゲームや、もちろん読書や音楽を演奏すること、ダンスや祭といったことに時間と労力を費やすはずなんです。

そんな時、必ず「飲食」も大きいエンターテインメントになるはずです。僕の予想では飲食店は、2極化すると思っています。今でもそれに近いお店はありますが、注文は全部タッチパネルで、調理もサービスもお会計も、全部ロボットがするような大量消費のお店が一方に。もう一方は職人さんが目の前で寿司を握ってくれたり、バーテンダーが目の前でシェイカーを振ってくれたりするような、人間が調理やサービスをする高級店になると思います。

もちろん高級店だけじゃなくて、近所の居酒屋やカフェも、これから先ずっと残って、「お疲れ、とりあえずいつものビール？　今日は鯖が美味しいよ」なんて言ってくれる居酒屋の店員や、「え？　いつも一緒に来店していた奥様、お子さん生まれたんですか？　おめでとうございます。じゃあ今度、お子さんと一緒に来てくださいよ」と言ってくれるカフェの店員もずっと残るはずです。いや「残る」というよりも、もうみんながそういうお店を求めてさまよい歩くような気がします。

飲食店は絶対になくならないし、逆にこれからもっともっと注目される「職種」になると僕は確信しています。

bar bossaの開業ものがたり

さて、あなたは他人と比べてどんな「あなたらしい能力」がありますか？

例えば「歌と楽器が上手くて、作曲もできる」という能力があるとします。僕、渋谷のバーをしているので、周りにミュージシャンがすごく多いんです。彼ら、それぞれとても才能があると感じるのですが、成功するのは「ほんの一握り」なんです。あるいはあなたが野球が上手くて、小さい頃からずっと、どんなチームでもエースで4番だったとします。それでもプロで成功するのは「ほんの一握り」ですよね。世の中にそういうことって多いです。ＩＴ関連で起業しても成功する人は「ほんの一握り」ですし、作家や漫画家や映画監督になれるのも「ほんの一握り」です。

でもですね、「飲食店を開店する」って実は誰でもできます。特に日本の場合は「参入障壁が低い」んです。飲食店を始めるには「調理師免許」や、何か特殊な資格が必要だと思っている人が多いですが、「食品衛生責任者資格」を取るだけでお店は始められます。（※1）これは保健所に申し込んで講習を1日受けるだけで資格がもらえます。

そして「飲食店を開店する」ってすごくお金が必要だと思っている人も多いと思います。東京

※1.収容人数が30人以上の店舗の場合、「防火管理者」の資格も必要となる。

でも、例えば渋谷のような都心部でも、３００万円で開業することもできます。もちろんちゃんとしたデザイナーに内装を依頼すると、「お店を一軒作るのに必要な金額はだいたい一千万円」という相場がありますが、そのお金も国民金融公庫（※２）が貸してくれる可能性は十分あります。

僕の場合はこうです。僕が２００万円と妻が２００万円を用意して、国民金融公庫から３００万円借りて７００万円にしました。

bar bossa は渋谷の宇田川町にあるのですが、一階で13坪で家賃は22万円です。この金額、実はすごく安いです。まず不動産屋さんに手数料として家賃1ヶ月分、大家さんにも家賃1ヶ月分、そして保証金として家賃10ヶ月分を支払います。

この保証金は出る時に戻ってくるのですが、その地域によって金額は全然変わります。銀座や新宿のような場所では保証金1千万円とか24ヶ月分ってこともありますし、私鉄の駅から離れた場所なら敷金2ヶ月、礼金2ヶ月っていう物件もあります。まあ都内で普通に良い場所なら保証金は10ヶ月が相場だと思ってください。ちなみにこの保証金はいくらでも交渉できます。もちろ

※2.現在の「日本政策金融公庫」。

ん家賃も交渉できます。

物件取得費には300万円弱かかりましたが、内装は150万円で抑えました。妻の知人に建築士がいて、その人にカウンターと水回りとガスと電気の施工をお願いして、すごく格安にしていただきました。壁と床と天井は残っていたのをそのまま使って、自分たちで塗装しました。机は東急ハンズで板を買ってきて、店員さんに塗装の仕方を教えてもらって、足も買って、自分で作りました。さすがに椅子は買いましたけど、全部で150万円に抑えました。

お酒やグラス、食器やショップカード、レジ周り、オーディオ、最初の諸々の消耗品なんかは、全部で150万円かかりました。はい、実はbar bossaは600万円で始めました。27歳の時に始めたのですが、たぶん僕と同じ年齢の4大卒の人よりもたくさん収入はあったはずだと自負しています。

僕は20歳の時に大学を退学して、それからレコード屋でフリーターをやっていました。全く未来のない若者だったのですが、「よし、いつかお店をやろう」と決心していました。

最初はライブやＤＪもあるようなブラジリアンバーをやろうと考えていたので、都内のブラジルレストランで2年働きました。でも妻と話し合って、もう少し日本人寄りのバーにしようと、下北沢の『フェアグランド』という、今は有名な飲食店プロデューサーである中村悌二さんが経営するバーで2年間修業しました。

その後、bar bossa を始めたわけですが、途中でブラジルからレコードを輸入してそれをインターネットで販売したり、それがきっかけで音楽ライターの仕事がたくさん入ってきたりしました。今はこんな感じで飲食店にまつわる文章もたくさん書いています。

でもこんな風に書く仕事が入ってきたのも、やっぱりお店を持っていたからです。僕に仕事を依頼してくれる編集者はほとんどが、bar bossa のお客様であることが多いですし、実際、僕がお店をやってなかったらこんな仕事はなかったと思います。

そうなんです。お店って「人がたくさん集まってくる」んです。お店に来るお客様が色んな話を持ってきて、それがまた他のお客様の話と繋がって、それで仕事やプロジェクトが動き出す。

そういうパターンばかりで僕は今、生計を立てています。全ては「お店を始めたから」です。

お店をやるってやっぱり面白い

あなたは今、どんな状況ですか？　仕事は楽しいですか？　これから収入は増えそうですか？
もっとやりがいのある仕事には出会えそうですか？

飲食店って３００万円あれば始められます。そしてその３００万円で始めたお店で、あなたの年収が１千万円を越えるって全然夢ではありません。そしてそのまま2店舗目、3店舗目と増やしていけば、年収2千万、3千万も全然夢ではありません。あるいは店を増やすのではなく、僕のようにインターネットで何かを売るっていうのも可能だし、その才能や経験を生かして、店舗プロデューサーになるのも可能です。

この本では、東京の21世紀を代表する、とても面白い飲食店20店のオーナーにインタビューしました。これを読んでいるあなたの参考になるように、物件の家賃や用意したお金、内装の費用、そして売り上げなんかも聞いています。

そしてこのインタビューに答えてくれた全員がみんな「回り道」をしています。脱サラしてお店を始めた人、全く違う職種をやっていたのに飲食業を志して始めた人、飲食業での修業を全く経験しないで開店してしまった人、海外旅行中に「これだ！」と気がついてお店を始めた人、ミュージシャンやDJをやっていたけどお店を始めた人、定年退職してからお店を始めた人、とにかくみんな長い長い回り道をして、今は東京では有名な飲食店を経営しています。

そんなあなたの先輩達が「いつかお店をやってみたいあなた」に、最後に「一言」エールを贈ってくれています。その「一言」がみんなそれぞれ全く違います。お店の経営方針もみんな違います。でも「お店をやる」ってやっぱり面白いんです。みんなが全員、「飲食店やるの大変だけど楽しいですよ」と言ってくれています。この本を読み終えた時、あなたが「よし、自分も飲食店やろう！」と思ってくれることを祈ります。

目次

立ち飲みの成功店

酒場の成功店

※本書は月刊「カフェレス」にて2017年8月号から2019年5月号にかけて連載していた「バーのマスターはなぜこの店に惹かれるのか 親愛なる東京飲食店」を加筆・訂正し、再編集したものです。

和食の成功店

多国籍料理の成功店

デザイン 金坂義之・金坂幸子　表紙イラスト 金坂幸子　撮影 後藤弘行・曽我浩一郎　編集 黒澤あすか・北浦岳朗

BAR BOSSA

ワインの成功店

01

新しいことを学ぶ行動力と発信力

西荻窪●organan

紺野 真さん

東京・三軒茶屋『ウグイス』、西荻窪『オルガン』の店主。自然派ワインと独創的なビストロ料理が楽しめる『ウグイス』が人気を集め、2011年に西荻窪へ2号店となる『オルガン』をオープン。現在も予約の取れない店として人気を集めている。国内外問わず、食のイベントや生産者との交流も積極的に行い、独自の情報を発信し続けている。

紺野 真さんの1店舗目『ウグイス』に行ったのは、カフェ・ブームやプリフィクススタイル（※1）のビストロ・ブームが一段落して、ワインバルが都内のどの街にも1軒はある頃でした。当時、自然派ワインが流行し始めて、中でも有名なお店といえば『アヒルストア』（※2）さんと『ウグイス』さんでした。アヒルさんは近所なので、すぐに行って仲良くしていただいたのですが、ウグイスさんはいつも予約がいっぱいで、「行ってみたい」とずっと思っていて、初めてお店に伺ったのはやっと予約がとれたというチャンスでした。

bar bossaは１９９０年代後半から２０００年代前半に流行った「ワインバー」のスタイルで、当時、既にスタイルが古くなっていました。そのあとに出てきた「ワインバル」や「自然派ワイン」の流行にどうやって追いつこうか、何を参考にすればいいかと気になっていたんです。

ウグイスさんは三軒茶屋駅から離れた暗い住宅街にあり、元スナックを手作りで改装した内装で、紺野さんがとても丁寧な接客で迎えてくれました。お会計の時、「何かワインのお仕事をされているんですか？」と質問されたので、「渋谷でbar bossaというワインバーを」と伝えると、数日後すぐに来店してくれました。紺野さんと言えば、この「行動力」で有名なんです。

※1.均一価格で提供される料理のこと。用意された選択肢の中から、好きなものを選ぶスタイルを指す。　※2.2008年に齊藤輝彦さんと妹の和歌子さんでオープンしたワインバー。ヴァン・ナチュールと料理、手作りパンを楽しめる人気店。

きっかけとなった、アメリカのカフェ

さてそんな紺野 真さん。プロフィールを見ると都立戸山高校を卒業後、アメリカで10年過ごしたとあります。噂によると、アメリカではずっとバンドをやっていたそうで、そのあたりから聞いてみることにしました。

――バンドはどんな音楽をやってたんですか?

紺野 ハードロックです。

――かなり本気でやってたって聞いてますが。

紺野 そうですね。でも芽は出なくて。同時に寿司屋とスパゲティ屋と割烹でバイトしてました。

――飲食店は好きだったんですか?

紺野 その当時、日本で『バワリー・キッチン』などが流行る3、4年前なのですが、アメリカではすごいカフェ・ブームだったんです。『スターバックス』が出てきたあとのそういう大手資本に対する反応としての個人店が出てくるムーブメントだと思うのですが。それでライブパフォーマンスがあるようなお店に入り浸っていて、ライブが終わったあとにみんながカフェでコーヒーを飲みながら、夢とか語るんです。

――アルコールじゃなくコーヒーなんですね。

紺野　ええ。アメリカはお酒を出すのに許可が難しいからだと思います。ライブがあるような店はビールは出してたように思いますが、基本的にはコーヒーとペイストリーでした。その時、『ライブラリー』というすごく良いカフェに出会いまして。オルガンと同じような内装なんですけど、全部手作りで。アメリカってすごい良いシャンデリアが捨ててあったりして、そういうのをうまく使っていて。ライブラリーだから本もたくさんあるんです。

――そこでこういうカフェをやりたいなって思ったんですか？

紺野　ええ。でもアメリカではグリーンカードが取れなくて、グリーンカードがないと制約があるんです。ちょうどその頃、彼女とも別れたんで、日本に帰ってきました。

――最初から日本でカフェをやろうと思ったんですか？

紺野　ええ。裏原宿が好きだったんで、裏原宿のカフェで3年働きました。でも自分でカフェを開店するとしたらコーヒーと文化だけでは弱いなって思ったんです。それで、何かそれ以外の手に職がいるなって思ってビストロで5年働きました。

――その後、ウグイスですが、お金はどうしたんですか？

紺野　自分が貯めたのと親に借りたのとで300万円あったので、この300万でできることをするしかないなと思いました。

一人ではじめた『ウグイス』

紺野さん、ここまでの間、今までに出会った色んな印象的なお店について語ってくれたのですが、話のほとんどが「お店の内装と雰囲気と立地」のことばかりなんです。普通、飲食業の人間と話すと、「○○産のジビエを使った料理が有名で」とか「ワインは南仏中心で」といった料理や食材の話になるのですが、紺野さんは「裏原宿のこの交差点の」とか「この椅子が」とか「来ているお客さんが」といった表現が多くて、「箱としてのお店」が好きなんだとわかってきました。

紺野　お店は全部手作りです。ウグイスは以前スナックだった物件を全て自分で改装しました。この時、藤井さんってすごく良い人に出会ったんです。一人で改装している時、上に住んでる人に『内装に詳しい人がいるよ』って紹介されて。藤井さんは僕が前から気になってた物件をすごく良い内装で仕上げてた人で。普通、内装って業者に頼むとカタログの中から『これなんてどうですか』っていう提案しかないんです。でも、その人は使えそうな棚とかを自分で持ってくる人

上．『ウグイス』『オルガン』の両店で看板メニューとして提供されている、「石川県産 炙りサバとじゃがいもの一皿」1100円。 下．『オルガン』の店内には、紺野さんがアメリカで出会ったカフェ、『ライブラリー』を彷彿させる本棚が。

で。その人が後に『古那《こな》』っていうすごい良い雰囲気のカフェを作るんです。

―― 最初はコーヒー1杯でも大丈夫なカフェだったんですよね。

紺野 ネルドリップとペーパーとサイフォンを選べるというバカなことをやってたんですけど、途中で一人じゃ全然対応できないって気づいてすぐにやめました。

―― ワインは最初から自然派ワインだったんですか？

紺野 いえ。近くの酒屋さんから仕入れることにしたんですけど、そこが面白いワインをたくさん扱っていて。白ワインだけど濁ってるとか、微発砲しているとか、面白いと思って。当時、自然派ワインやビオワインって言葉はあったかもしれないけど、浸透はしてなかったですし、まだ安かったんです。あと、自然派のワインってスルスル飲めるじゃないですか。僕はお酒が強い方じゃないんで。それで自分が美味しいと思ったワインを入れてたら、自然とそういうワインばかりになって、裏を見たら『ラシーヌ』って書いてあるんです（笑）。もちろん合田泰子さんのことなんて知らなくて。

―― ブルータスの自然派ワイン特集っていつ頃ですか？

紺野 たぶん開店してから5年後くらいじゃないかな。そう、ちょうどその頃、『祥瑞《しょんずい》』の勝山晋作（※4）さんがお店に来てくれたんです。それで自然派ワインのことを色々と教えてもらいま

※3.ワイン輸入会社、株式会社ラシーヌの代表取締役社長 合田泰子さん。
※4.日本における自然派ワインの第一人者といわれる勝山晋作さん。六本木のワインバー『祥瑞』のオーナー。

した。それで勝山さんがみんなで集まって自然派ワインの勉強会をやろうということなったんです。それが後のフェスティバン（※5）の原型ですね。

2店舗目『オルガン』のオープン

紺野さんは人生の大きな分岐点で面白い人に出会って、その人から多くの影響を受け、それを自分の血と肉にしていきます。それを本人は「流されるんです」と表現しますが、良い出会いを引き寄せ、それを形にしていく人間力のようなものがあるのでしょう。

―― 2軒目を始めることによって、どちらかのお店に自分が立てなくなるってことに不安は感じなかったですか？

紺野 それなんです。始めウグイスはずっと一人でやってたんですが、途中から一人入ってもらいました。そしたら面白いことに二人でやると売り上げも上がるんです。それでウグイスをずっとやっていく中で、この人たちに埋もれてほしくないと思って。彼らがもっと責任を持って、表でパフォーマンスを見せられるようにしたいなって思ったんです。

―― 僕は一人で20年店をやってきて、ちょっと古いタイプのお店になっていると思うんです。

※5.日本最大のナチュラルワインのイベント「FESTIVIN（フェスティバン）」。勝山晋作さんが中心となり、「おいしいワインを楽しむ機会を多くの方たちと分かち合いたい」という思いで2010年から開催。

それが悪いわけではないんですけど、そういう風に自分の感覚が古い側になることに不安は感じませんか？

紺野　自分は元々誰か有名なシェフの下で働いたとかフランスに行ったとかって経験がないっていうコンプレックスがあるんです。だから常に新しいことはチェックしようって意識しています。例えば、今は夏休みを利用して、パリのレストランに研修に入ったりして、新しい技術やセンスを取り入れるようにしています。

――他のお店のプロデュースや紺野さんのブランド力を使ったネットでの販売なんかは考えていますか？

紺野　話は来たことあるけど、やってないですね。

――やらないんですか？

紺野　やってもいいかもしれないですけど、一個守らなきゃいけないことがあって、僕の仕事で一貫しているのは『マスとの対極にある』ってことなんです。西海岸のストリートから出てきたカフェと同じなんです。お金がないけど、センスで工夫してやってそこに人が集まってくるっていうのが最高に格好良かったから、僕はそういう存在でいたいんです。

厨房に立つ紺野さん。現在はほぼ毎日『オルガン』で調理を行っている。

どれだけの人に感動を与えたか

――これから飲食店をやりたい人に何か一言お願いできますか？

紺野　まず毎日、妄想した方が良いですね。例えば、伝票はどんな伝票にしたいかとか、グラスはどんな形のグラスに氷を何個入れるかとか。細部にいたるまで妄想してほしいですね。もう一つは、妄想すると同時に現実的な計画を持ってほしいですね。

最後に紺野さんに「飲食業をビジネスとして、どう思うか？」と聞いたところ、こんな答えが返ってきました。

紺野　僕の幼なじみで銀行員がいて、『こういう立地でこういう単価でおまえの利益はこんなもんだろ』って言われるんです。僕、そういうどれだけお金が儲かったって本当に興味なくて。これ、本当に綺麗事じゃないんですが、僕は『じゃあ、君たちのビジネスで何人の人たちに感動を与えたことがあるの？』って思うんです。例えば、あのお店に行って彼女に告白してその後結婚したよっていう思い出でも良いですし、あのお店で夢を語ったよねっていうのでも良いですし、どれだけの人の記憶に残るか、そっちの方がよっぽど価値があると僕は思っているんです。

そして紺野さんはこう言います。

紺野 いつかはカフェがやりたいんです。ワインとか置かない店で儲けとか考えないような。例えば、湖のほとりとかで自分が食べていけるだけくらいのカフェを死ぬまでにはやりたいですね。

取材を終えて…

意外や意外、紺野さんの原体験はアメリカのカフェだったんですね。実は紺野さんと僕は同い年でして、「カフェをやりたい」と考えた気持ちはすごくわかります。当時、喫茶店でもカフェバーでもない、「文化を発信するカフェ」が出てきて、飲食業を考える人間は全員「カフェをやってみたい」と思ったんです。

紺野さん、インタビューの中で何度も何度も「フランスで修業したわけでもないし、料理人でやってきたわけでもないので」と、〝コンプレックス〟を語ってくれました。しかし、それでこそ逆に、自由な「お客様の目線」で、新しいワインやサービス、料理や提供の仕方を、色んな知人のお店から着想を得て、自分のアイデアで補強できたのではないかと思います。

紺野さんのＳＮＳが有名なのはご存じですか？　東京の下町やヨーロッパの色んな喫茶店やレストランを訪れて「ここ最高！」って発信しているんです。東京の最先端のお店を作れる人は、こうやって行動力で色々なお店をチェックしているんだととても参考になります。オルガン、居心地の良い最高の空間です。是非、足を運んでみてください。

提供メニュー（一部）

◎インゲンとマッシュルーム、
　自家製セミドライトマトのサラダ…950円
◎北海道産 牡蠣と葡萄、白ワインのジュレ…1700円
◎石川県産炙りサバとじゃがいもの一皿…1100円
◎鶏レバーのパテ 仄かな柚子の香り…650円
◎山形県産 三元豚と春キャベツのブレゼ
　南仏野菜添え…2600円
◎季節のフルーツとパイナップルとバジルのソルベ、
　ジャスミンのスープ…750円
◎グラスワイン（ヴァン・ナチュール）…800円～
※価格はすべて税抜

開業データ

開業年月日：2011年6月
開業投資額：414万円
物件取得費：164万円
内外装費：150万円
厨房機器・什器備品費：100万円

organ

☎03-5941-5388 ｜ 西荻窪

住所：東京都杉並区西荻南2-19-12／営業時間：17時～24時(L.O. 23時)／定休日：月曜・第4火曜／坪数・席数：16坪・22席

ワインの成功店

02

風穴を開け続ける心意気がある

恵比寿◉トロワザムール

山田恭路さん

百貨店の食品部門で働きながら、ワインスクールの講師も務め、数々のソムリエや業界人を育ててきた。その後、〝ワインマーケティングコンサルタント〟として、数々の飲食店などにワイン販売の指導を行う。2006年にはワインバーを併設した自然派ワインショップ『トロワザムール』を恵比寿にオープン。

日本で一番、面白くて新しい飲食店が集まる街と言えば、もちろん恵比寿ですよね。僕も恵比寿で物件を探したことがあるのですが、やっぱり「恵比寿で飲食店をやりたい」と思う人が多いのでしょう、とにかく家賃が高いんです。聞くところによると、恵比寿は「毎年10店のうち、3店は潰れる」そうです。最初は予約がとれなかったり行列しているお店でも、少しでも売り上げが落ちると、家賃が払えなくなって撤退なんだそうです。

さて、もし将来、「日本人の飲食の歴史」という本が書かれ、「ワイン」という項目があったとしたら、必ず登場するであろう山田恭路さんという方がいます。自然派のワインを専門に輸入しているBMOという会社を経営し、恵比寿の一等地で『トロワザムール』という自然派ワインを気軽に楽しめるお店もされています。

トロワザムールは、恵比寿を歩いたことがある人ならわかると思うのですが、「あれ？　こんなところにこんな可愛いワインのお店が」という感じで、ポップで入りやすい。中に入ると「どうぞどうぞ、軽く飲んでいってください」という雰囲気なんです。ここが入口で自然派ワインにはまった方、多いはずです。そのあたりの経営や数字のことなんかを山田さんに聞いてみました。

自然派ワインブーム、創生者の一人

――デパートで働かれていたということですが。

山田 大学の時にクラシック音楽をやっていて、ヨーロッパを周ってワインを覚えたんです。それでワインを売りたくて西武百貨店に入社して、食品を希望しました。1987年にアカデミー・デュヴァンが創設されて、88年から生徒として通い、講師の試験を受けて90年に講師を始めたんです。

退社後は講師を専任していたのですが、商品を売る知識もあるということで、コンサルティング的なところを買われ、ワインの売り方を教え始めました。そして1997年にBMOを始めたんです。

自然派ワインとの出会い

――自然派ワインでいける、と思ったきっかけは何だったんでしょうか?

山田 最初にワインの講師をやっていた時、扱っていたのはグラン・ヴァン(※1)でした。ラフィッ

※1.「Grand Vin(グラン・ヴァン)」とは、フランス産ワインのボトルに使用される偉大なワインを意味する言葉。品質を保証するものではなく、あくまで口語的に使用されている。

ト、マルゴーというのに飽きて、カリフォルニアやオーストラリアに行くというのも飽きちゃったんです。

その頃、たまたま訪れた南フランスの農場で飲んだワインがすごく美味しくて、「なんでこんなに味が凝縮してるんだろう、なんでこんなにエレガントなんだろう」と思ったのがきっかけです。聞いてみると、農薬も酵母も使ってないし、今まで知っているワインと全然違ってショックを受けたんです。これは日本で飲めるのかって色々聞くと、「こういうワインは現地で全部飲んじゃうんだ」と言われて、こういうワインを日本に紹介したいと思いました。

―― 自然派ワインが流行ると確信はありましたか？　当時はそんな雰囲気ではなかったですよね。

山田　まだそんな雰囲気も「ビオ」や「自然派」という言葉もなかったですね。しいて言えば「オーガニック」という言葉はあったけど、それは畑をオーガニックにしただけで、美味しくないというイメージがありましたから。だからそういう意味合いではなく、「これをわかってくれる人と共同輸入しよう」と発想したんです。ちょうどその頃、日本全国のワインショップにコンサルティングでワインの売り方を教えてて、そういうグループができ始め、ここで売ったらいけるだろうと思ったわけです。

最初は3社に「こういうワインがあるんだけど」って伝えたら、「やろうやろう」と言ってくれて、まずは限定流通みたいな形で始めたんです。それが少しずつ増えていって、今は80社になっています。その後、飲食店の人たちにも卸し始めました。それが第2期で、それから、飲食店の人や一般の人にもお店で試して飲んでもらうために、このトロワザムールを始めたのが第3期です。それが2006年です。

――ここだけでは赤字ですよね。

山田 ここだけでは無理ですね。ここはあくまでも飲食店の方に、来ていただいて味を知ってもらって、それで卸してもらう場所です。そしてちょっと複雑なのですが、ここを始める時に直接うちが輸入することも始めました。

――インポーターって儲からないのではと、外から見てて思うのですが。

山田 インポーターは厳しいですね。ブショネ（※3）があったら生産者に戻せないので、インポーターがもちますし、在庫が残るリスクもあり、配送料が高くなっているのもありますね。

※3.ブションは、フランス語でコルクを指す。ブショネとは、コルク臭があるワインのことで、現在では傷んだワイン全般をブショネと呼ぶようになっている。

ショップの他、ワインバーも併設している同店。簡単な食事も提供しており、写真は中目黒のデリカッセン『KAMIYA』の「熟成黒豚とクルミのテリーヌ」(現在は取り扱いなし)。

生産者とどう向き合うか

――インポーターとして生産者と付き合うことで気を遣っていることはありますか？

山田　私たちが付き合っている生産者って小さいところで、無農薬で化学肥料も使わずにこだわって作るのってすごく大変なことなんですね。まず彼らの気持ちとか立場とかをわかってあげるってことが必要です。

例えば、ラングロール（※4）が最初に出たのが2002年なんです。2002、3、4年ってエリックはフランスでは「おまえのワインはジュースみたいだ」って言われて、彼はすごくショックを受けてたんです。でも我々は彼のワインを理解して将来性をわかっていたんです。そのタイミングで彼を日本に連れてくることができて、色んなお店に彼と行ったら、日本のみんなが彼のワインを「美味しい、美味しい」って言ってくれるんです。それで彼は意志を強くして、最後、空港で別れる時は泣いて。

ブドウ畑を訪問するので一番わかるのって1月か2月で、剪定の前後なんです。生産者が何をしたいかは剪定でわかるんです。2月のローヌは、マイナス10度かってくらい本当寒いんですが、エリックが日の出前から剪定をずっとやっていて、彼に「どうしてそんなにできるの？」って聞

※4.「L'Anglore（ラングロール）」は、フランスのコート・デュ・ローヌ地方でワイン作りを行う。当主エリック・ピフェリン氏は、親日家としても知られ、自然派ワインの大御所として知られる。

いたら、「日本に連れてってくれた時、日本のみんなが美味しいって言ってくれただろ。あれが目に浮かぶんだよ」って真顔で言うんです。

本物を作る人はすごいので、彼らをわかって、こっちも彼らにわかってもらうっていうのが第一ですね。

若手生産者の青田買いも

――ワインの金額の交渉ってどうするんですか？

山田 金額は向こうから、「今年のワインはこの金額です」と提示してきます。価格交渉に関しては、嘘と思われるかもしれませんが、ほぼしていないです。というのは、私たちはその人の畑の減価償却とか、どのくらい人件費がかかるのかという情報を知っているんです。若い人で借金して3ヘクタールだけ借りてやっと作ったビオのワインがこのくらいかかるだろう、っていう金額というのは納得できるんです。だから妥当じゃない金額だと受けないです。

――ワインの第一次情報はどこで入手しているんですか？

山田 パリにトロワザムールのモデルとなった『ヴェール・ヴォレ』ってお店があるんです。食事ができて、缶詰なんかを出してて、周りがボトルに囲まれてて、ボトルに値段が書いてあって、っていうお店なんです。

初期の頃はそういうとがったお店に行くとまだ日本に入ってきていないワインに出会えたんです。そこで気に入ったワインがあれば、蔵元に行って畑を見て、付き合うかどうか決めるって感じですね。

あと、今だと日本からも色々なインポーターが行ってるので、青田買いもあります。例えば、ラングロールのところで勉強したいっていう若者がいっぱいいますから、彼から「山田、彼は優秀だぞ」って、畑を買う前から教えてもらったり、あるいは「お父ちゃんが畑を持ってるんだけどいい加減にやってて、その息子が始めるぞ」（そしたらワイン安くできますから）とか、そういう情報を貰うんです。

マニアックな世界の壁を壊す

―― 今、自然派ワインってどうなんでしょうか。過当競争が起きているとかそういうことはないですか？

山田　実は私たちの業績は前年割れしたことないんです。これ、私たちの強みなんですが、例えば、コルビエールの古木で凝縮した濃いワインには他のインポーターはいかなくて、みんな淡いワインの方が多いんです。でも私たちは20年前からその濃いワインをちゃんと開拓していてストックしているので、今、それを出しているっていうのがありますね。

結局、ワインってまだ日本のお酒の中で5％くらいしかシェアがないんです。その中で自然派のワインって、いいとこ5％もあるかないかで、市場的に見るとまだ「点」みたいなもので、ブームと言ってもまだまだ箱庭な存在なんです。

――大手と組んだり、六本木ヒルズで展開したりということは考えないんですか？

山田　お話はかなりあるんです（笑）。チェーンで広げていくことに興味がないんです。生産者がマンパワーで作っているワイン、工業生産とは違うアンチテーゼで作っているワインを扱っているので、こちらも同じ目線で立ちたいなって思います。

――なるほど。山田さんの中に「アンチテーゼ」とか「風穴を開けたい」って気持ちがあるんですね。

山田　20代の頃からワイン業界にいるので、その頃はグラン・ヴァンのレアもののブルゴーニュとかが全盛だったんですね。それを持っている人が仲間内で集まるんです。そして堀を作ってみんなが知らない言葉で語るんです。私はそういう状況を打破したいと思ってるんですが、そういう状況がまた自然派ワインの中でも始まってるんです。

―― 面白いですね。

山田 マニアックな生産者を追いかけるのに疲れたっていう小売店さんや飲食店さんが増えているんです。そのマニアックな世界を知っている人たちがまた堀を作っているんです。なので、希少価値が高いワインを追い求めて、私たちがそのワインのパフォーマンスをチェックすると、「どう考えてもこの3分の1の価格だろ」って思うわけです。「堀の弊害」って言うんですが。

―― 山田さんの中で、そういう目の前の壊さなきゃいけない弊害、それへのアンチテーゼっていうのがすごく大きいわけなんですね。

山田 そうなんです。このお店は代官山から普通に入ってくるお客様もいますから品種なんて説明しないで、「とりあえず飲んでください」って言ってもらっています。

―― これから飲食業、飲食店をやりたい人に何か一言お願いします。

山田 うちはワインのことや料理のことを勉強してもらってますが、商人としてどうなんだ、常識人としてどうなんだってことをちゃんと教えています。料理やワインのことを知っているのは当然で、それよりも経済の構造、商売の構造、そして人間的なマナーをまずしっかりしてほしいですね。

山田さんの経営のバランス感覚と、流行を見抜く力、そして意外だったのが、山田さんの根っこのところにある「アンチテーゼ」な心意気が、自然派ワインブームの台風の目の存在となったお店づくりの魅力なのではと感じました。山田さん、これからまだまだ新しい嵐を起こしそうです。

ワインを作る人・伝える人・飲む人の3つの愛をこめて店名を名付けたという、山路さん。トロワザムールの店内には生産者の写真とメッセージが所狭しと書きこまれている。

取材を終えて…

山田さん、本当に〝開拓者〟だったんですね。誰もやらなかったこと始めるって本当に大変なはずです。僕は何度も「自然派ワインって日本でブームになりすぎて、もう飽きられ始めてないですか？」と質問したんですが、「いえいえ、本当にまだまだなんです。日本で消費されるお酒のうちワインはまだ5％くらいで、その中で自然派ワインは5％に届くかどうかって消費量なんです。もっと知ってほしいですね」と熱く語っていただき、さすが開拓者だなあと感じました。

山田さん、見た目はとても理性的なんですが、ワインと、ワインの生産者について語り出すと、とても情熱的なんです。僕もう、このインタビューの途中で2回くらい泣いてしまいました。

一方でトロワザムールやBMOのブランディングに対しても、的確に計算されているようですし、経営のバランス感覚もすごい方です。こういう情熱とバランス感覚を持っている人が成功しますね。トロワザムールさんに行くと、とにかくワインって難しくないと感じます。代官山で買い物をして恵比寿の方に向かうとちょうどこのお店にぶつかりますよ。デートの帰りになんかにちょっと立ち寄ってみてください。良いワインとの出会いがあるはずです。

提供メニュー（一部）
◎オリーブ…300円
◎パン盛り合わせ…500円
◎ドライトマトマリネ…500円
◎チーズ5種盛り…1000円
◎復刻版ソーセージ…1100円
◎グラスワイン…500円～
※価格はすべて税込

開業データ
開業年月日：
2006年8月（2018年3月リニューアルオープン）
開業投資額：すべて合わせて約3000万円
運転資金：運営会社BMOからの出資による

トロワザムール
☎03-5459-4333｜恵比寿
住所：東京都渋谷区恵比寿西1-15-9 DAIYUビル1F・B1F／営業時間：ショップ 月曜～金曜12時～21時、土曜・日曜・祝日12時～20時、バー 月曜～金曜 16時～21時、土曜・日曜・祝日12時～20時／定休日：火曜日／坪数・席数：40坪（1階、地下合わせて）・9席+立ち飲みスペース 2ヶ所

ワインの成功店

03

日常業務を楽しみつつ、思い立ったら即行動

初台◉MACHILDA

町田洋子さん

群馬県出身。上京後、音楽業界に勤務。趣味のお菓子作りが高じてケーキ屋を開業。その後、東京・初台に『MACHILDA』をオープン。自らが選んだビオワインと丁寧に作られたフードメニューが魅力。

女性で、「料理を作るのが大好き。いつか自分の料理を食べてもらえるお店をやってみたい」という方、多いと思います。しかし、レストランを始めるとなると、厨房設備やスタッフなど色々と考えなきゃいけないし、「カフェだと売り上げ的にはどうだろう?」とか、「小料理屋の女将になる自信はないし…」と悩むことが多そうです。

初台には、「料理が好きで、一人でカウンターだけのワインバーを始めた」女性、町田さんがいます。彼女、音楽業界で働いていたんですが、ケーキのお店を始めて、今はワインバーという、先ほど言った女性の方にとって「憧れ」のような経歴です。

でも、女性一人でお酒を出すって不安ですよね。お酒を出さないカフェでも、男性がストーカーのようにしつこくしてくる、という話もよく耳にします。こっちはキャバクラをやっているわけではないのに、勝手にお客様が勘違いして通ってくるというパターンです。キャバクラはその分、高いですし、ちゃんと怖いお兄さんもお店にいます。町田さんは一人で美味しい料理とワインを出していますが、そういうお客さんがいたらどうしているのか、気になりますよね。

そのあたりのことも含め、女性一人でどうやってお店を始めたのか、どういう経営状況なのか、お金のことも含め、詳しく聞いてきました。

――飲食業を始めようと思ったきっかけはなんですか？

町田　23歳の時に音楽業界で働きつつ、趣味でケーキを作っていたんです。そしたら知り合いのバーからケーキを卸してくれと言われて、週に2回、お酒に合う生菓子を作ることになりました。すごくお酒のきいたモンブランとか、高いラムを使ったティラミスとか。続けていくうちに、ケーキの仕事をやってみたいなと思い始めたんです。私、現場の仕事が好きなんですけど、音楽の仕事ってずっと現場の仕事はやれないので、お菓子ならずっと現場でできるかなと思って。

――ケーキ作りは独学ですか？

町田　2000年になるちょっと前くらいかな、当時、レシピ本がたくさん出始めた頃で、それを見ながら3年くらい作り続けたんです。どこかお店に勤めなきゃと思ったんですけど、私、すごく肌が弱いんです。ホテルとか厳しいところに行ってみたかったんですけど、当時はまだ素手じゃないとダメな時代で、色々と見に行って、調理用のニトリル手袋を使っているところで働き始めました。最初から2年くらい働いたら自分のお店を出そうと決めていて、運良く2年後に物件が見つかりました。

――ご両親はお店をすることに反対しなかったんですか？

町田　大反対でした。最初から反対されるのはわかっていたので、お金を貯めて、保証人も手配して、契約を進めて、最後に「ここに印鑑を押して」って言いに行ったんです。「もしダメなら、他に保証人を手配しているので」と言って。そしたら、あっさり押してくれました。自営業なんてやるものじゃない、大変だぞ、とは言っていましたが。

最初に開いた店はケーキ屋

——お店は一人で始めたんですか？

町田　人を雇いました。製菓学校の夜間部に通っている子で、夕方4時半まで働いて、そのあと学校に行ってました。

——その子はどうやって募集したんですか？

町田　製菓学校に電話しました。「外国人でもいいですか？」とか色々聞かれるんです。うちは接客もあるので、「日本人でお願いします」と伝えて。小規模でカフェスペースもなかったから、そのくらいで経営できました。

——そのお店はどのくらい続いたんですか？

町田　5年間続きました。元々すごく古い物件で、更新なしの5年契約で安い物件だったんです。

――始めた時は、5年後どうするかは考えていたんですか？

町田 5年経ったあとに考えようと思っていました。まだ28歳で若かったし、まずは5年間やってみようって。

――売り上げはどうでしたか？

町田 最初にかかったお金は全部取り戻して、さらに続けていけばプラスになるだろうなってところかな。プラマイゼロになったので、新しいことを始めてもいいかなって。

――ケーキをずっと作る作業って退屈じゃないんですか？

町田 ずっと立ち仕事ができるかどうかを確かめるために、2年間洋菓子店で働いていたから大丈夫でした。

――その後、大きい店舗を構えようとは思いませんでしたか？

町田 思わなかったです。初めて経営者になって、明らかに自分に足りていないところがわかったし、経営者の孤独に耐えられなかった。あと、体力的にもすごく疲れてしまって。30代前半だったんですけど、最初は老化かなって思って。逆に今は全然大丈夫なんですけど。閉じこもった空間だったので、もっと色んな人と仕事したいなって思ったんです。当時、20代でお店を始めた女性って少なかったのですごく取材を受けて、そこで色んな人とも出会って。

写真の「4種きのこのブルーチーズグラタン」1100円は、しいたけ・エリンギ・しめじ・舞茸の入った具だくさんの1品。可愛らしいパッケージのワインは「ユンヌ・トランシェ・ド・パラディ 2017」。

あと、ケーキは利益が少なくて、このままだと生きてはいけるけど、マンションは買えないなって。べつにマンションが欲しいわけじゃないんですけど、自営業なのにマンションひとつ買えないんだと思って。それで料理研究家のようになろうって思ったんです。一軒家を借りてケーキ教室で生計を立てつつ、撮影をしたりして。そしたらこの物件の話が出てきたんです。

――あ、物件が先だったんですね。

町田 そうなんです。フリーで仕事を始めたものの、思うようにはいかず、悩んでいた時でした。フリーってガツガツ営業できないと無理じゃないですか。2年フリーでやって、ダメだったら考えようと思って始めたんですけど、1年で無理って思って。そしたらちょうどこの物件の話が出てきたんです。

――ちなみに、お勤めをしようかなって思いませんでした?

町田 実はちょっとだけ派遣をやったんですけど、「お昼はここのテーブルで食べなきゃダメ」とか言われて、もう無理って思いました。

2店目は業種を変え、ワインバーに

――ここって3坪くらいですよね？お店を作るのにいくらかかったんですか？

町田　全部で400万くらいです。物件取得費は135万円。内装に50万と什器が15万円、運転資金が200万円。これで全部です。備品は菓子屋と教室の時の物を使いまわしました。

――この物件ではお菓子とかカフェは考えなかったんですか？

町田　この立地で生菓子は難しいと思いました。街を見てやっぱり酒場だなって。このお店の内装をやってもらった人に相談したら、「最近、いくつか小さいお店を手掛けたから見に行こうか」って言われて3坪くらいのお店に飲みに行って、「ああ、やれるかな」って思ったんです。

で、ジャンルをどうしようかなって考えて。ワインだったらナチュラルワイン、あと日本酒。それと当時、『ビーボ デイリー スタンド』ってお店が流行りはじめて、ああいう全部あるお店。この3つを考えたんです。それで、日本酒があったら刺身だと思ったんですけど、技術がないのでやめて。ビーボは立ち飲みだったんですけど、この街で立ち飲みのお客さんっているかなと思って。一杯で帰るって、自分もお会計が大変だし、だったら座ってしばらくいてもらえるお店がいいと思って、椅子席を作ったり。こうやってどんどん詰めていきました。

――当時、『アヒルストア』や『ウグイス』に通っていたそうですが、ナチュラルワインを使ってどういうお店にしようと思っていましたか？

町田　当時の両店舗のように、地域の方が気軽に立ち寄るカウンター、というのは参考にさせてもらいました。その他は考えてなくて、間口を広めに始めたので、最初はウオッカとジンもあったんです。こういうお店ってお客さんが来て「完成」じゃないですか。スーツのサラリーマンが来るか、お姉さんが来るかですごく変わりますよね。だから理想は掲げずお店を開けてみたんです。

女性一人でお酒を出す

――女性一人でお酒を出すって大変じゃないですか?

町田　全然! 私はバーによく出入りしてて雰囲気がわかっていたので。

――僕の経験上ですが、半年に1回くらいは困ったことが起こったりしませんか?

町田　最初のうちはあったけど、最近はもう全然ですかね。近所に映画のランボーみたいな男友達が住んでて、なんかあったら連絡しようと思ってました。メールしたことあるんですけどね(笑)。あとは近所の飲食店同士でこの暗号で絶対に助けに来てくれるっていうSOSサインもあって。常連さんも「この客、変だ」ってわかってくれる。「閉店までちょっと残っててくださいね」ってメモを見せたり、閉店後に飲みに行こうとしつこく誘ってくる人には、「このあと用事があるので、お会計お願いします」と言ったりしますね。

――コラボとかグッズとかイベントとかは興味ないんですか？

町田 コラボはやれたらいいんですけど、そんな話来ないですしね。グッズとかやりたいけどどういう風にやったらいいのかわからないし。イベントねえ、私、日常業務が好きなんです。同じ場所で同じ業務をしているのが好きなんですよねえ。

――お店の客単価ってどのくらいですか？

町田 最初は3000円台前半だったんですが、今は4000円台後半です。

――どうしてそんなに上がったんですか？

町田 料理を増やしたら滞在時間が長くなったのと、2人組のお客様が増えてきて、ちょっとずつ上がっていきました。

――じゃあ1日の売り上げは3万くらいはいく感じですか？

町田 いや、もっといくかな。奇跡的に8万いく時もある。

――すごい！儲かってますね。じゃあ月の売り上げは100万いってますか？

町田 それがいかないんです。足をひっぱる日があるんですよね。でも年間1000万円いかないんで、消費税払わなくていいんです。

10年店を続けて、自信をつけたい

――今後はどうする予定なんですか？

町田　考えてないです。この物件は古いからあと数年だとは思うんだけど、考えてない。やりたいことは〝ボコッ〟と出てくるんです。そしたらそのあとは行動が早いから。それがないうちはコツコツと日々の積み重ね。自営業を10年やれた時に、自分に自信が持てる気がして。だからこのお店も10年はやってみようかなって。

――これから飲食店を始めたい人に何か一言いただけますか？

町田　お店を始めることをゴールにしちゃうと、お店を始めた時に息切れしちゃう。オープンしたあとにどういう風にやっていけばいいかを考えた方がいいかな。あと、お金は貯めておいた方がいいよ、かな。私、お金借りたことないんです。全部、自分で稼いだんです。父が銀行員なんでお金に厳しく育てられまして。あ、父は結局、お店を出してからは和解して、経理を見てくれたり色々と相談に乗ってくれたりしましたよ。

上．通りに小窓があるので、外からでも店の中がしっかり見える。　下．店内はカウンター7席のみということもあり、町田さんとお客の距離も近くなる。この日は常連客が訪れ、和やかな雰囲気に。

取材を終えて…

町田さん、すごい人生ですね。お父さんが銀行員というご家庭で、こんな風に色々と冒険できるって素晴らしいです。でも逆に、お父さんが銀行員だったからこそ、無理な経営ではなく、きちっと計算して、今大繁盛しているお店ができるのかもしれないですね。

でもやっぱり話を伺ってわかったのは、町田さん、「現場」が好きなんですね。正直に言いますと、たまに飲食業を志しているのに「現場」が好きじゃない人がいて、「うーん、それで大丈夫かな」と思う時があるんです。実は飲食業って、「助けたり、助けてもらったり、紹介したり、紹介してもらったりっていう、人と人の繋がり」が一番大切な業界なんです。そのあたりの「お酒を飲んでみんなが仲間になっていく」現場を、町田さんは愛しているんですね。

経営のこと、あまりリスキーにならず、とても細かく計算されていますね。こういうやり方ならずっと上手くやっていけそうです。あと、周りにちゃんと助けてくれる男性もいるんですね。

女性でお店をやってみたい方、たくさんいると思います。そんな人には必ず「マチルダさんに一度行ったら、すごく参考になりますよ」と言っています。是非、初台に行ってみてください。

提供メニュー(一部)

◎2種オリーブハーブマリネ…400円
◎つまみ ちょこっと盛り…650円
◎4種きのこのブルーチーズグラタン…1100円
◎グラスワイン…900円~
◎ボトルワイン…5000円~
※価格はすべて税抜

開業データ

開業年月日:2010年9月1日
開業投資額:200万円
物件取得費:135万円
内外装費:50万円
厨房機器・什器備品費:15万円
運転資金:200万円

MACHILDA

☎03-5351-8160 | 初台

住所:東京都渋谷区初台1丁目36-1/営業時間:月曜~金曜18時~24時(L.O. フード 23時、ドリンク23時30分)※土曜の営業はブログやSNSで要確認 定休日:日曜 不定休あり/坪数・席数:3坪・7席/客単価:4000円~5000円

ワインの成功店

04

なりゆきにまかせるバランス感が絶妙

永福町◉永福食堂

松本晋亮さん

宮城県生まれ。20代は渋谷のレコードショップで働きながらDJとして活動。自身名義のCDやレコードを発売するも、31歳の時、イタリア料理の道に進むことを決め、東京・西麻布『オッジ ダルマット』に入る。8年間の修業を経て、2017年に『永福食堂』をオープンした。住宅街立地ながら連日予約の絶えない人気店となっている。

妻がこの本で登場するニューマルコ（142ページ）さんで友達と食事をしていると、中の板前さんに「永福食堂っていうイタリアン、すごく良いですよ」と、オススメされたそうなんです。ところであなたは、誰がオススメするお店を信頼していますか？　有名な食評論家ですか？　それともグルメ評価サイトですか？　SNSですか？　やはり一番信頼できるのは「飲食店で働いている人」ですよね。というわけで、早速、永福食堂に行ってみました。

日曜の夜だったのですが、予約のお客様でぎっしりと埋まっていて、繁盛しています。ワインリストはなく「何かボトルで」と目の前のシェフに声をかけると、シェフがワインセラーに走り、何本か持ってきて、熱い情熱をもってワインを説明してくれます。出てくるお料理はどれもが凝っていてオリジナリティがあり、どんどんワインがすすむものばかりです。そして気になったのが、カウンターで僕と妻の隣にずっと座っている5歳くらいの女の子です。シェフの娘さんということですが、ずっと絵を描いたりカラムーチョを食べたりしています。

実は永福町、僕、昔住んでいたことがあって、閑静な高級住宅街がある良い街ではあるのですが、そんなに飲食店がたくさんあるという雰囲気ではありません。この街でこういうスタイルのお店をやるには何か大きな理由があるはずです。そのあたりも含め色々と質問してみました。

——飲食業を選ぶ人ってそこまでの道のりが長いことがありますが、松本さんはどうですか？

松本　宮城県生まれで実家がCD屋なんです。中学3年生くらいから両親の旅行中に店番をしていて、いつか自営業はやりたいなと思っていました。まぁでもCD屋だったので、とにかく音楽が好きで音楽をやりたかったです。

群馬の大学に行きまして、イタリアンの厨房で2年アルバイトをしました。大学を卒業して、最初は東京で求人誌の営業をしていたんですけど、レコード屋で働きたくて。当時、宇田川町が世界最大のレコード屋がある街だったので、『スタイラス』というテクノやハウスが中心のレコード屋で働きました。

——DJはやっていましたか？

松本　バリバリやっていました。音源も出してますよ。ダブテクノっていうジャンルなんですが。CDはスペインとデンマークと日本とカナダから、アナログはドイツから出しています。

——そのままレコード屋をやろうとか、音楽の仕事を続けようとは思わなかったんですか？

松本　その頃からiTunesやダウンロードが出てきて、物が売れなくなってきたので不安でしたね。

当時、結婚資金に貯めていたお金を全部崩して、イタリアを北から南までカミさんと旅行して色んなお店を食べ歩いたんです。その時に、「イタリアンって毎日食べても飽きない」って気づいて、これだなと思いました。31歳の時に西麻布の『オッジ ダルマット』というイタリアンで働くことになりました。群馬でアルバイトしていたレストラン出身の人がオーナーで、大学の先輩だったんです。

――31歳から料理の修業って大変ですね。

松本 脱サラして働く人もいるけど、9割9分は辞めていくらしくて。僕は8年間働いたけど地獄の日々でした。教えてもらうのは全員年下で、調理師学校を出たサラブレットの人たちばかり。店はランチもディナーもやっていたので、2、3年の間は睡眠時間2、3時間しかなくて死ぬかと思いました。

――そのお店だけで8年ですか。他のお店に移ろうとは思わなかったんですか？

松本 思わなかったですね。店は和の食材を使ってイタリアンに昇華させていくスタイルでした。

西麻布ではなく、永福町で

――永福食堂さんではナチュラルワインを提供していますが、ダルマットさんもビオを扱っていたんですか？

松本　当時は半年ごとのローテーションで、サービスやキッチンなどを回って仕事していて、ワインの仕入れもやらせてもらえるようになったんです。試飲会で美味しいと思ったのが、あとで調べるとナチュラルワインというもので、実験的にお店にも少しずつ入れ始めました。そこから掘り下げていくようになりましたね。

——先日、このお店に来てすぐに思ったんですけど、青山や西麻布でやった方がもっと儲かるスタイルなのに、どうして永福町を選んだんですか？

松本　西麻布のあたりって半径50メートルくらいの中にお店が乱立しているんです。流行りやムーブメントがすごくあって、それを追いかけるのが大変で。そういうものからすごく離れたかったんです。当時、西永福に住んでいて西麻布まで原付で通っていたんですけど、ある時、信号で止まっている間に気づいたら寝ていて。こういう生活は良くないと、歩いて通える場所で働きたいと思いました。井の頭線が好きだったので沿線を全部探したら、ここに出会ったんです。14・9坪です。

——家賃、すごく安いですね（読者のみなさま、ごめんなさい。具体的な数字は秘密です）。

松本　八百屋さんだったので壁はなくてスケルトンで渡されて、内装は全部作る必要があったんです。

「前菜8種の盛り合わせ」1人前1600円(写真は2人前)。取材時は、フキのバルサミコ酢煮、桜の葉を使った鱈とじゃがいものリエット、ウルイのマリネ、フリッタータ、菊芋とマスカルポーネチーズのムース、フキノトウにはちみつ・ビネガーを合わせたジャム、干し柿とクリームチーズのインボルティーニ、イカをパスタに見立てたカルボナーラ、ズワイガニとカダイフの揚げ物が並んだ。

――それは大変ですね。内装はどうしましたか？

松本 有限会社Kプラスという施工会社にお願いしました。厨房もホシザキの知り合いにお願いして。

――資金は借りられたんですか？

松本 母に借りました。母はCDバブルの時にCD屋を3店舗、4店舗増やして、その時にマンションを買って資金運用していたんです。

――お母さん、すごいですね。メニューですが、永福町周辺のレストランを見て、「このくらいの値段で出しているんだ。じゃあうちはこうしよう」とかって考えましたか？

松本 いや、考えなかったですね。とりあえずやってみて、そこで調整しながらやろうと思いましたね。あとはダルマットでしか働いていなかったので、できることが逆に限られていて、迷うことはありませんでした。

従業員はあえて未経験者を選ぶ

――ナチュラルワインって原価が高いと思うんですけど、安く出されてますよね。

松本　ダルマットで働いていた時は、もっと原価を抑えていました。でもうちは、土地柄や立地を加味したうえで、なるべく親しみやすい価格で提供出来るよう努力しています（ワインの値付けの仕方は秘密）。

――すごい値付けの仕方ですね。そしたら原価率がすごく悪くなりますよね。

松本　はい、だからうち原価率結構やばいです（笑）。

――こういう永福町のような街でしたら、ナチュラルワインだけにこだわらず、安めの千円代のワインを仕入れて、3千円から4千円で出すっていうのが一般的だと思うんですけど。

松本　そういうのは全く考えないですね。自分が好きで納得できるものしか扱いたくないんです。

――お店では松本さんだけで調理をしてワインまで選んでいますよね。他に専門的な人を入れようとは思わないんですか？

松本　未経験者ならではの、面白い発想や行動が好きなんです。

――カウンターの端っこにいつもお子さんが座っていますよね。壁に落書きもしてあるし。それはこの永福町というファミリー層が多い場所で、子供もOKなお店としてとけ込もうと思って始めたんですか？

松本　いいえ、実はオープン当初はもっと店が暇だと思っていたんです。それが忙しくなってきて、カミさんに店に入ってもらったんですが、カミさんが店で働くってことは子供も店に来るってことで。あの落書きも、すごく忙しい時に娘が突然書き始めて、頭ごなしに怒ったら大騒ぎになると思って黙認したらこうなった感じです。全部なりゆきなんです。

――そうなんですか。いやもっと計算している方だと思っていました。全部なりゆきなんですね。永福町って高級住宅街ですけど、やっぱり近所ならではの「パスタだけ」とか「ドリンクはお水」とかっていうのはありますか？

松本 最初はありましたね。西麻布ではありえないのですごく驚きました。西麻布で水って言われたら、「ガス入りですか。ガスなしですか」って聞きますし、有料なのが普通でしたから。だからワンドリンクはお願いすることにしました。

――僕が行った時、ワインをお願いしたら、松本さんは値段を言わなかったのですが、そういうのでトラブルはないですか？

松本 トラブルは無いと思います。値段を言うか言わないかは、いらっしゃったお客様同士の関係性などから、なんとなくこちらで気を遣って値段を言わない事もありますし、ケースバイケースです。初めてのお客様には1本5千円代～6千円代のワインを中心にご提案して、何度か来店されたことのあるワイン好きなお客様には、そこから更に掘り下げていったワインをご提案したりしていますね。ワインを真っ当な価格でお出しすることを常に心がけています。

全て自分の目の届く範囲でやりたい

――2店舗目とか、デパート出店とかは考えてますか？

松本　2店目は今のところ考えていないです。ジェラート屋さんなど違う業態ならもしかしたらあるかもしれませんね。ただ、お店に食べに行くと、オーナーシェフが働いているお店と、雇われ店長がやっているお店は違うって感じるんですよね。ただそこに箱があって、飲んで帰るみたいなのはイヤなんです。全てが自分の目の届く範囲でやりたくて、儲かればそれで良いっていうのがないので、プロデュースとか出店とかは興味ないですね。

――今、マリアージュってすごく言われますが、いかがですか？

松本　食材の入荷状況によってメニューが変わる日々の営業の中で、営業が始まる前にスタッフ全員でその日のグラスワインを試飲したり、僕が食材や調理法の説明をしたり、実際に試食したりして、料理とワインの意識のすり合わせをしてから営業に臨んでいます。

――お店は開店してどのくらいですか？

松本　1年半です。

――あ、まだそんな新しかったんですね。経営的にはどうですか？

松本　客単価は5千円くらいです。社員1名とあとはみんなアルバイトです。原価率が高いので結構大変ですが、ランニングコストの安さでなんとかやっていけています。西麻布で地獄を見たんで、もういかにゆっくり過ごすかですね。でもだらだらするんじゃなくて、休みの日も試飲会に行ったりお店でイベントをやったりして動いています。

――僕、長年色んなお店が成功するのを見てきて、永福食堂さんなら、このブランドで、インターネットでグッズを売ったり、本を出したりとかできる、成功するって思うのですが、そういうのは考えますか？

松本　ないですね。カミさんが洋服のスタイリストなのである程度、収入もありますから。

――あ、でもスタイリストさんなら、逆に奥さんがやりたいって言うかも知れないですね（笑）。最後に「お店をやりたい」という若者に何か一言お願いできますか。

松本　飲食じゃないところ、アパレルや他業種で一度は働いた方が良いと思います。飲食のことばかり考えていると逆につまらなくなることもありますし。それしか知らないことの怖さってありますから。結局、意味のないことなんて何もないんです。僕、就職は30歳からっていつも言ってるんです。若い頃は、色んな人に会って、色んな所に行って、色んなもの食べて、色々なことを経験した方が良いと思います。その方が人間の厚みがでますよね。

取材を終えて…

松本さん、この本で取材した人たちの中で、一番回り道をした人でしたね。30近くまで渋谷のレコード屋で働きながら、DJをやって海外でもレコードを出していたってすごい経歴です。実は僕も22歳までは中古レコード屋で働いて、音楽が好きで音楽の仕事がしたいと考えていたので、松本さんの経歴を聞いた時はびっくりしました。本来ならそのままレコードを売ったり、音楽業界にいたり、あるいはクラブやDJバーなんかを始めたりするのが普通なのですが、31歳から西麻布のイタリアンで修業ってすごいです。簡単に仰ってますが、相当大変だと思います。

そして僕、「どうして永福町なのか」を何度も聞いてしまいました。永福食堂さんのようなスタイルなら、青山や恵比寿で開店した方が、お客様も高いワインを注文してくれるし、メディアにも取り上げられるはずなんです。でも、西麻布のあの夜の雰囲気から抜け出したかったというのが全てなんですね。いや、実は永福食堂さん、「儲けようとしてない」のがすごく気になるお店でして、その謎も全てとけました。これからは永福町という住宅街に根ざす名店としてずっと続いていくんでしょうね。回り道をしている方、31歳から修業を始めて、こんな名店が作れます。是非、永福食堂に行ってみてください。

提供メニュー(一部)
◎前菜8種の盛り合わせ…1600円
◎鴨のムネ肉の低温ロースト
　八角風味のバルサミコソース…2400円
◎アラビアータ…900円
◎瓶ビール各種…600円〜
◎グラスワイン…600円〜
◎ボトルワイン…4000円代〜
※価格はすべて税抜

開業データ
開業年月日:2017年6月24日

永福食堂

☎03-6317-7329 | 永福町

住所:東京都杉並区和泉3丁目33-20/営業時間:18時〜23時(L.O. 22時)/定休日:月曜日・火曜日/坪数・席数:15坪・24席/客単価:5000円

コーヒー・カフェの成功店

05

プライドを持って仕事をする

渋谷◉COFFEEHOUSE NISHIYA

西谷恭兵さん

東京都内の『ロ・スパッツィオ』『オー・バカナル』『バール・イルプリマリオ』でバリスタの経験を積み、2013年に自身の店『COFFEEHOUSE NISHIYA』をオープン。渋谷の中心地から離れた場所に立地するものの、ドリンクの質の高さと、お客一人ひとりに向けた細やかな接客サービスから、同業者も勉強のために訪れるほどの人気店となっている。

ある日、妻と渋谷の図書館に行ったところ、妻に「帰りにあのカフェに寄ってみよう」と言われ、そんなお店あったっけ？　と思ったら、とても魅力的なカフェがありました。入ろうとするとスタッフの方が扉を開けてくれて、内装の雰囲気や、コーヒーやプリンも美味しくて、びっくりしました。ブログに書いたところ、色んな人に「ニシヤさん、行ったんですね。すごく良いですよね！」とコメントをいただきました。知らなくてお恥ずかしいのですが、オーナーの西谷恭平さん、ジャパン バリスタ チャンピオンシップで準優勝した、とても有名な方だったんです。

さて、カフェの経営って普通にやるととても難しいのはご存じでしょうか。まず単価がとても低いですし、滞在時間が長いですよね。飲食業では「できるだけ単価を高く、できるだけすぐに帰っていただく」のが基本です。それで自家焙煎をしたり、お酒や食事を出したりして、単価を上げるわけです。でも、ニシヤさんは、全くそんなことをしているように見えませんでした。

でも、ニシヤさんがとても有名で繁盛店だという噂はどんどん伝わってきます。これは何か特別な秘訣があるはずと思い、どうやったらコーヒーだけでカフェ経営がうまくいくのか、意気込んで話を聞きました。

自分の店を持ちたいという夢

――ご両親がスナックをされてたんですよね。

西谷　埼玉の北浦和で店をやっています。1979年の5月1日にオープンしたんですが、日付が変わってすぐに私が生まれたので、私は店のカウンターの上で寝かされてたそうです。当時はバブルですごく儲かっていましたね。両親に会おうと思ったら店に行くんです。街のスナックって色んな人が集まってて、「家を建てたいんだけど」って言ったら「工務店紹介するよ」って感じで色んな交流があって、楽しかったですね。

――17歳の時にはお店に立ってたんですよね。

西谷　父親に「恭兵もそろそろ中入るか」って言われて。その時初めて今まで横から見ていたお客さんとカウンターを挟んで対峙しました。

――飲食業をしたいというのはその頃から決めていたんですか？

西谷　小さい頃、教育テレビの番組を見て、パティシエになりたいと思ったんです。それで専門学校を出て、自由が丘の『モンブラン』というお店で働きました。でも、その当時アトピーのため1年で退職しました。その後、トラットリアで料理人として働いたんですけど、やっぱり身体的に無理があり、それでサービスの仕事に転向しようと思った時にバリスタという仕事に出会ったんです。

――飲食業はやめようと思わなかったんですか？

西谷 思わなかったですね。最初から、いつか自分のお店を持とうって思ってました。そしてバリスタになった時に「10年後」に店を持つと明確に決めたんです。

バリスタとしての歩み

――バリスタの修業をされたお店はどこですか？

西谷 学芸大学駅にある『ロ・スパッツィオ』というイタリアン・バールの野崎晴弘さんが私の師匠になります。そこを2年で辞めて、そのあと新聞配達と配送のアルバイトをしてイタリアにバリスタ修業に行く予定でしたが、ある方に「環境が変われば人は変わる。夢もあきらめてしまう」と忠告され、当時お世話になっていた先輩のお店で働くことになりました。

バリスタを始めて一年が経った時に、いきなり出たジャパン バリスタ チャンピオンシップで準優勝して、すごく取材されて、西谷恭兵の名前がぼーん！といったんです。

――　すごいですね。

西谷　でも当時、バリスタ以外のことも学びたいと思って、あるパトロンが新店舗をやるっていうことで、バーテンダーをやり始めたんですが、その話が消えてしまい、その時に『オー・バカナル』から声をかけてもらったんです。

実はここまでの西谷さんのお話、ここでは書けないようなこともたくさん聞きました。飲食業って徒弟制度が大きく残っているし、西谷さん、多くの「大人の事情」にぶつかったようです。そしてやっと自分の居場所を見つけます。

――　それは『オー・バカナル』さんの方から「うちで働いてくれ」って声をかけられたんですか？

西谷　そうです。「銀座店のバーをなんとかしてくれ」と言われて、それで「2013年には退職しますが、それで良ければ何が何でもいい仕事をします」と言って入りました。『オー・バカナル』に2年いて、その後、会社から紀ノ国屋インターナショナルでカフェをやれと言われ、「これは良い経験になる」って思い、レイアウトから屋号から人選まで全部自分で決めさせてもらいました。

どんな時でも正しい姿勢で仕事をすることを心掛け、ステアする時もグラスの真ん中に立つなど、常に美しい立ち姿を意識している。

―― 良い経験ですね。

西谷 でも、そこは7坪で家賃が60万円だったんです。それで社員もいたので、黒字にならなくて。会社には30店舗くらい店があって、月に一回の会議ではうちが毎回ビリで。すごく肩身狭くて。それでもう悔しくて、なんとかしようと頑張って、最後の1期は黒字にしました。今はもう真っ黒ですよ（笑）。

西谷さん、簡単に仰ってますが、7坪60万円の物件で、コーヒーで黒字にするってそう簡単ではないですよね。色んな試行錯誤があったのでしょう。そして自分のお店が始まります。

コーヒーを楽しむ店

―― コーヒーハウスニシヤの物件はどうやって出会ったんですか？

西谷 その紀ノ国屋の店に来てた常連さんが「うちのビルのテナントが空いたから、お店やってくれない？」って言ってくれて。僕が退職するまでの2年間物件を空けて待っててくれたんです。

―― すごいですね。

西谷　それで退職後この周辺のリサーチをかけて事業計画書をその大家さんに出したら、めっちゃダメ出しされて。「なんでだよ、入ってくれって言ってたじゃない」って思ったんですけど。大家さんは元銀行員で、そのダメ出しがすごく良くて、再度提出し直して、OKをもらいました。

――カフェって焙煎をやらないとまず儲からないって聞いたんですけど、どうですか?

西谷　僕は絶対に「液体だけ」で勝負しようと思って。コーヒーって絶対に儲かるんです。うちは450円でコーヒーを提供していて、粗利400円で、提供するまでに1分ですよ。儲からないわけないんです。でも、なぜ他のお店が儲からないか、これ僕らの永遠のテーマですが、「長居」、「回転率」なんです。僕は「帰ってください」って言ってます。

――本当ですか?

西谷　言ってます。ただそれまでの時間を「マンパワー」で満足してもらっています。日本で「あなたにとってカフェって何ですか?」って聞いたら「仕事するところ」「本読むところ」って答えが戻ってくると思うんです。入店動機が「飲食」じゃなくて、不動産業なんです。みんなコーヒーじゃなくて、場所にお金を払っている。でも、僕はコーヒーにお金を払ってもらいたいんです。

――それで今までトラブルはなかったですか?

西谷　ないです。でも、メニューを持って行って「何かおかわりお持ちしましょうか」って言えばみなさん「いいです。じゃあお会計お願いします」って言ってくれます。パソコンをしていてドリンクがぬるくなっていたら「こちら下げて良いですか」って言って、レシート出して「そろそろお会計良いですか」って言います。こちらがちゃんとネクタイをして、店をピカピカにして、プライドを持って仕事をすれば、お客様もわかってくれます。そしてそうやって自信をもって言えるような仕事をしなきゃいけないと思っています。日本のカフェ業界を不動産業にしちゃいけないと思うんです。

――カフェはお酒と食事で儲かるって言いますがそれはどうですか？

西谷 うちの儲けはコーヒーなので、このスイーツやサンドイッチは客寄せパンダなんです。

――食事だけの方にコーヒーも頼んで下さいって言わないんですか？

西谷 注意喚起の多い店ってお客さんが育たないと思うんです。カフェは自由で縛りがないからこそ、お客さんが社会を学べて育つんです。

両親のような店を目指して

――開業資金はどうされましたか？

ハートマークが描かれた「カプチーノ」は、ミルキーさとコーヒーの苦味のバランスが絶妙。

西谷　300万円を貯めて、あとは日本政策金融公庫さんと城南信用金庫さんから1250万円お借りしました。今、毎月20万円お返ししてます。最初は1000万でやるつもりだったんですけど、内外装費でもっとかかりまして。

ここでちょうど電話がかかってきました。西谷さんが時間の確認をしていたので「予約ですか?」って聞いたところ、「ファッション誌のロケ貸しです」とのお答えです。内外装費にお金をかけたのは「ロケ貸し」を想定してとのことでした。一時期は月に20万円の収入があったそうです。

――オープンから忙しかったんですか?

西谷　ダメでした。それで絶対にしたくなかったんですけど、クーポン券をつけて、ビラにして配りました。そしたらめっちゃ来てくれたんです。

やっぱりモデルにしているのはスナックをしていた両親です。街を歩いていると「おお、ママ!」「おお、マスター!」って声がかかるじゃないですか。あれが理想です。

――お店をやりたい人に一言お願いします。

西谷　死ぬほど勉強して死ぬほど仕事すること。あとは続けること。そしたらお客さんが得られます。みんな技術だけを得ようとお店で働きますが、僕はお客さんを得るために働きました。今でも最初のお店のお客様が来てくれています。お客さんは人で来ます。僕はそれを親から学びました。

取材を終えて…

本当に色んな経験をされてきたんですね。紀ノ国屋インターナショナルのカフェがすごく良いという噂、今でも耳にしますが西谷さんだったんですか。7坪で家賃60万円のカフェってどう考えても無理と言いますか、僕なら引き受けません。それを黒字にしたってすごい経験です。

西谷さん、何度も「コーヒー1杯450円で、1分で出せて、粗利400円。これで儲からないわけがない」と言っていました。確かにそうですが、カフェに来たら「長居する」のが普通です。それが、飲み終わったグラスを下げて、「そろそろお会計良いですか」と言っても、お店をピカピカにして店員もプライドを持ってやれば、お客様は納得していただけるそうなんです。

これ、何度も何度も聞いたのですが、「それでトラブルはなし、インターネットでも悪口はなし」だそうです。いや全国のカフェ経営者はそこをずっと悩んでいまして、是非、一度コーヒーハウスニシヤさんに行ってみてください。僕も一切不快な気持ちはなく、「良いお店だなあ。美味しかったなあ。また来たいなあ」と感じました。

飲食店経営者が全員抱えている悩みを西谷さん、解消しています。すごい人です。

提供メニュー(一部)

◎カプチーノ…500円
◎カフェモカ…600円
◎エスプレッソバナナシェイク…700円
◎アイリッシュコーヒー…850円
◎プレミアム プリン…550円
◎ホットサンド…650円
◎クロックマダム…750円
※価格はすべて税込(取材当時)

開業データ

開業年月日:2013年9月17日
開業投資額:1450万円
物件取得費:300万円
内外装費:750万円
厨房機器・什器備品費:400万円

COFFEEHOUSE NISHIYA

☎03-3409-1909 | 渋谷

住所:東京都渋谷区東1-4-1 尚豊ビル 1F/営業時間:11時〜19時(L.O. 18時30分)/定休日:不定休/坪数・席数:10坪・14席

コーヒー・カフェの成功店

06

空間を守るための仕組みづくりを徹底する

初台●fuzkue

阿久津 隆さん

栃木県出身。保険会社の営業職に就いた後、岡山でカフェを始める。その後東京へ移り、2014年に『fuzkue(フヅクエ)』をオープン。同店は、本を読むための最適な環境を目指している。メニュー表には、文章を書くのが好きだという阿久津さんの自身の言葉で、独特な料金システムや店での"すごしかた"について記載している。

妻と二人で初台を歩いていたところ、「この看板、あなた好きそうなお店じゃない?」と妻が言いました。見ると、店名の『fuzkue』という文字の下に「本の読める店」と大きくあります。下には小さく「コーヒー」や「カレー」と併記してあり、「静かな時間」とあります。

気になった飲食店があれば、まず検索して、面白そうだったらすぐに行ってみることにしているので、早速、検索しました。するとオーナーの方の面白い文章と、お店の面白いシステムに気がつきました。まず「チャージ」があって、追加注文するとそのチャージが減っていき、さらに追加注文すると、ついにはそのチャージがなくなってしまうというものなんです。

すぐにお店に行ってみました。本当に静かな空間で、面白そうな本がたくさんあります。そして僕は「そのチャージをゼロにするため」に、どんどん追加注文してしまいました。

こんなシステムを思いつくのはもちろん、実際に行動に移してしまうというのがすごく驚きです。面白いアイデアを思いついても、前例がなければそう簡単には始められません。

いったいどういう経歴の方なんだろう。このシステムはどうやって思いついたんだろう、トラブルはなかったのだろうか、と素朴な疑問をぶつけてみました。

――前のお店の話を、最初から教えていただけますか？

阿久津　埼玉育ちで、大学は神奈川でした。卒業してから東京の保険会社に就職して、岡山に赴任して営業職をやっていたのですが、3年やって全然向いていなくて。途中でカフェで働いている女の子と付き合うことになりました。それで、「本当に仕事辞めたいな」と思っていたタイミングで「物件が空いたんだけど、店をやらない？」と言われて、カフェを始めました。

――岡山のカフェはどういうお店だったんですか？

阿久津　古い農機具の倉庫をリノベーションした古民家カフェ的な店でした。川が目の前にあって、吹き抜けで畳の2階と地下室があって、横のガレージも店にしていたので、だいぶ広くて、とにかく雰囲気のいいお店でした。

――それまでに飲食の経験はあったんですか？

阿久津　大学時代に、スターバックスやカフェで働いたことがありました。それで、3年店をやって、岡山を離れることにして、2014年の6月に東京に戻ってきて、10月にこの店を始めました。

――じゃあ最初から東京に戻ってカフェをやろうと思ってたんですね。

阿久津　ちなみに僕はこの店を「カフェ」だと思ってないんです。よくカフェと呼ばれるんですけど、カフェを求めてやってきたら、色々ミスマッチが起きるだろうなって思ってまして。「カフェ」ってどういう定義で使います？

――カフェの定義、考えたことなかったです、すいません。普通のカフェの定義って何ですかねえ。

阿久津　いや、僕もわからないです。今はなんでもカフェって言っちゃいますからね。英会話カフェとか。カフェ好き、カフェ巡りが好きな人たちに、来てもらうのも嬉しいんですが、僕は「本を読みたい」って人に来てほしいんです。カフェって言うと、「ああ、ブックカフェね」と思われるので、意地でも「カフェ」とは言わないって決めてるんです。

――じゃあ「新しいジャンル」を作ろうとしているわけですね。

阿久津　今、看板にもホームページにも書いてあるのですが、「本の読める店」という感じですね。

映画館のような空間にしたい

――飲食店がやりたいんですか？　例えば、最近流行っている、レンタルスペースのような場所で1時間1000円でWi-Fiもあって、飲み物・食べ物持ち込みOKといったスタイルでも可能だと思いますが、どうですか？

阿久津　そうですね。それでも可能ですが、僕は外で本を読む時に、一番快適で、贅沢な、ちょっとラグジュアリーな空間にしたくて。それを考えた時に、「この形」になったんですよね。「場所をどうぞ、飲み物も持ち込みでどうぞ」だと、本は快適に読めるかもしれないですが、それよりも、「人に淹れてもらったコーヒー」の方がいい気分ですよね。

――じゃあ、お客さんには阿久津さんの空間を楽しんでほしい、ということですか？

阿久津　僕の空間というか、お客さんがそれぞれの気持ちで、映画館のように楽しんでほしいですね。映画館ではみんながそれぞれを邪魔しないで、最低限の気を遣いながら映画を楽しみますよね。この場所もそのイメージです。

メニュー表に店の説明を結構長めに書いているんですが、説明がこれだけ長くなってしまうのは、例えば映画館はある程度「映画を観るのはこういう場所」というのができているから説明が簡単に済むんですが、「本を読む場所」っていうのはまだ定義できてないからなんです。ちゃんと一つひとつ「こういう理由でこういうことです」って説明する必要があるんです。

上.「野菜中心の定食」1000円。(現在は提供なし。代わりに「お味噌汁の定食」を提供)煮物や雑穀ご飯といったヘルシーな定食。食べる人の健康を考え、「食べ飽きない味にしたかったんです」と言う阿久津さん。
下.『フヅクエ』は、深夜まで営業を行うこともあり、アルコールメニューも充実。15種類ほどのボトルビールをはじめ、ウィスキーやカクテルも提供している。

お客様に値段を決めてもらう

――映画館でやっと納得しました。このお店は最初からこのスタイルだったんですか？

阿久津　そうですね。喋れないというルールは最初からです。

――これは、ある日思いついたんですか？　それとも岡山にいた時からずっとこうしたいなって考えてたんですか？

阿久津　岡山にいた頃、東京・高円寺の『アール座読書館』という会話禁止のお店に行って感動して、「そうかあ、喋らなければいいんだ」って思ったんです。元々、「本を快適に読めるお店ってないな」と思っていて、一人で新たに店をやる時は「本を読めるお店」にしたいなと思っていたんです。

――この値段のシステムはどうやって思いついたんですか？

阿久津　これは紆余曲折しまして、オープンしてから最初の半年は「価格を設定しない」で、「お客様に値段を決めてもらう」というやり方していました。

――え？　どういう意味ですか？　一応、飲食のメニューはあるんですよね。それに値段が書いていないんですか？

阿久津　ええ、「好きな値段を払ってもらう」というやり方でした。この店が提供するのは飲食物ではなく、「心地よい時間」だと思っていて、「心地よい時間」って人によってそれぞれ値段が違うだろうなって考えたんです。コーヒー1杯500円と感じる人もいれば、5000円と感じる人もいるだろうし。それが実際に金額で表されると面白いだろうなって思ったんです。

――面白いとは思うんですけど、結構、無茶苦茶ですよね。

阿久津　僕も今思うと、面白いけどよくやったなって（笑）。

お客様とはあえて話をしない

――場所はどうやって決められましたか？

阿久津　新宿に自転車で行けそうな場所を考えてて。営業後に、「バルト9（新宿にある映画館）」の深夜上映を見に行けるような場所にしたいと思ったんです。幡ヶ谷や下北沢、渋谷も見ました。

物件は2階以上で窓が広い場所を考えていました。あと、こういうカウンターにしたかったので、ここは箱の形が良いなって思ったんです。

――家賃っておいくらなんですか？

阿久津　13坪、40平米ちょっとで、税込み18万9000円です。

――このお店の料金システムなどを知らずに、ふらっと入ってくる方はいるんですか。

阿久津　いますね。中には、メニュー表にある、お店の料金システムや私語厳禁などのルールに面食らって帰る人もいますね。でも、何にも理解しないまま過ごしてお会計に行っちゃう方が怖いです。

――阿久津さんの文章をネットで読んでから、このお店を理解してから来るお客様って何パーセントくらいですか？

阿久津　何かしらである程度知ってから、という方は8割くらいですかね。最近はそこでストレスを感じることはだいぶなくなりましたね。

――最初のシステムの時は営業的にはどうでしたか？

阿久津　システム云々よりも単純にお客さんが来なくて、どんどん貯金が減りました。払っていただくお代に関しては結構面白くて、今のメニューの値段に収れんしましたね。みなさん、コーヒー1杯なら700円、ご飯なら1000円くらい出していただけました。それを半年続けました。

――常連になっていただいても、店内で話ができないですよね。お客様と親しくなるという接客は興味ないですか？

「アイスコーヒー」700円。『OBSCURA COFFEE ROASTERS』の豆を使い、ハンドドリップで抽出をしている。ドリンク1杯の場合、チャージは900円。2杯の場合は300円と注文が増えるとチャージ料金が少なくなる。

阿久津　僕自身、何度か通ったお店で顔を覚えていただいて、話しかけられたことはあるんですけど、それで逆に来店するのに気が重くなるってこともありますから。そういう風になったらいけないなと思うんです。

――内装はどうしましたか？

阿久津　職人の友達がいたので、自分で「こういう感じにしてほしい」と絵を描いて渡して、一緒に作りました。

――客席はもっとおけると思うのですが。

阿久津　基本は一人でまわすようにしたいので、10席かな、と思っています。

とりあえず店を始めるのもいい

――最終的に、今のシステムはどう思いついたんですか？

阿久津　平均の滞在時間がオープンした時からずっと「2時間半」なんですね。このメニューのシステムを見ていただくと、これ、どういう風に注文しても「粗利が1500円」になるんです。2時間半いるのなら、粗利1500円もらっても良いだろうっていうのが始まりですね。

――僕、実際に来て、「なんとか元をとろう、席料をゼロにしよう」と思って色々とついつい注文してしまったのですが、そういう方、多いですか？

阿久津　確かに、以前より注文は増えましたね。でもコーヒー1杯で過ごす方もたくさんいらっしゃいますよ。その時に一切気兼ねをしなくて済む、ということがこのシステムの肝なんです。

――これから飲食店をやりたいと考えている人に対して、何か一言いただけますか？

阿久津　とりあえず始めてみなよ、と思いますね。店を始めてしまって、店をやりながら半分どこかに修業に行ってもいいわけじゃないですか。僕、店を始めてから貯金が40万円になったことがあるんです。それでなんとかしようって頑張りましたからね。とりあえずお店を始めるのもいいと思います。

――お店は増やさないんですか？

阿久津　このフヅクエのシステムをそのまま活かして、何軒かやれたらいいなぁと思っています。

取材を終えて…

なるほど。阿久津さんはインタビュー中に何度も、「カフェではないんです」と仰ってましたが、「映画館」が映画を静かに楽しめる空間であるように、「読書館」のような場所、すなわち、静かでゆったりした空間で、じっくりと本が読めるような空間を提供しているんですね。

お恥ずかしいのですが、僕がフヅクエさんのお店の印象をブログで書いたところ、阿久津さんの文章のファンがとてもたくさんいること、フヅクエさんが大人気だということを知りました。インターネットってやはり素晴らしいもので、あらかじめ「店主がどういう気持ちで店を経営しているのか、どんなお客様にどういう風に利用して欲しいか」を、真摯に文章にしておけば、お客様にちゃんと届いて、想定していた利用の仕方でお店を使っていただけるんですね。

でも、このスタイルはやっぱり「大発明」です。こういうことを一番初めに「やり始めることができる」って、とてつもない才能だといつも思います。阿久津さんは「このスタイルのお店が、もっともっと増えれば良い」と仰ってます。確かに、「喫茶店」が抱えていた「長居するお客様」の問題を一気に解決できます。この新しいスタイルのお店、是非体験してみてください。

提供メニュー（一部）

◎お味噌汁の定食…1000円
◎チキンカレー…1000円
◎鶏ハムのサンドイッチ…800円
◎チーズケーキ…500円
◎ジンジャーシロップをつかった飲み物…700円〜
◎そのときどきのコーヒー…700円
※席料制（オーダー内容によって席料は変動する）
例：ドリンク1杯…席料900円
　ドリンク1杯＋1品（甘いもの／つまみ）…席料600円
　ドリンク2杯＋1品…席料0円
※価格はすべて税抜

開業データ

開業年月日：2014年10月17日
開業投資額：650万円
物件取得費：100万円
内外装費：450万円
厨房機器・什器備品費：100万円
運転資金：150万円

fuzkue

初台

住所：東京都渋谷区初台1-38-10 二名ビル2F／営業時間：12時〜24時／定休日：不定休／坪数・席数：13坪・10席／客単価：2200円

コーヒー・カフェの成功店

07

〝自分たちだけのやり方〟を見つける

新井薬師◉rompercicci（ロンパーチッチ）

齊藤外志雄さん（左）、**齊藤晶子**さん（右）

コーヒーとお酒とジャズの店『rompercicci』は、以前からジャズ喫茶をやりたいと考えていた齊藤外志雄さんと晶子さんご夫婦が2011年にオープンした。最寄り駅からは徒歩で約10分かかる立地ながら、ジャズマニアだけでなく近隣住民など、老若男女様々なお客が訪れる人気店となっている。

日本には「ジャズ喫茶」というスタイルの飲食店があります。このジャズ喫茶、海外にはない日本独自の文化です。1960年代、レコードはまだとても高価で、ジャズが好きな若者はジャズ喫茶に行って、高価なオーディオ装置から流れてくるジャズを聞いたのです。当時は若者にとってジャズ喫茶とはとてもお洒落な存在だったのですが、徐々にジャズ好きな若者も減り、自宅で簡単にLPやCDを聞けるようになると、少しずつジャズ喫茶は閉店していきました。

しかし、音楽をダウンロードして聞くようになった今、新しいジャズ喫茶が東京には生まれ始めています。そんな新しいジャズ喫茶のホープとも呼ぶべき『ロンパーチッチ』というお店が、中野の新井薬師にあります。決してアクセスの良い場所ではありません。さらにこのお店は昔ながらのジャズ喫茶のように、ジャズを聞くのがメインのため、うるさくするお客様はお断りです。実際、僕もちょっと酔っぱらって友人とロンパーチッチさんに伺ったところ、店主の齊藤さんに「ちょっとお静かに」と注意されてしまいました。

そんなロンパーチッチさん、ご夫妻でやられているようですが、どういう経緯で始められたのか、このスタイルでトラブルはないのか、経営状態はどうなのか、たっぷりと質問してみました。

――飲食業の経験はありますか?

晶子　吉祥寺の『A&F』という今はない老舗のジャズ喫茶で半年間働きました。でも、働き始めて半年後にお店が閉まってしまったんです。

――他にどこかで働きましたか?

晶子　新卒で入った会社を辞めたあとに飲食業をやってみようと思い、フランス料理店の調理場で働いたことがあるんですが、すごく体育会系で全く時間もないし、これは向いていないと思って辞めました。

――ご主人はどうですか?

外志雄　私は大学の時に目白のイタリア料理店でランチタイムだけホールのバイトをしていました。でも3ヶ月でもうイヤだって思いまして、辞めました。それ以外はないです。

――では、どうしてジャズ喫茶をやってみようと思ったんですか?

外志雄　まず〝ジャズ喫茶が飲食業なのかどうか〟ですよね。一応、コーヒーを飲んでいただいて対価をいただいていますが。

晶子　クラフトビールやお寿司のお店だと、そのビールやお寿司にお金を払ってもらっていますが、ジャズ喫茶は空間にお金を払ってもらうものだと思っていたんです。

外志雄　こういうお店は良いな、やってみたいなと思ったお店は、渋谷の『ＪＢＳ』です。ジャズが流れていて、昔はお客さんが少なくて静かで。ドリンクしか出さないんですけど、全部５００円なんです。すごく敷居が高そうなのにお財布に優しいお店で、これで食えるんだったら、こういう〝徳の高い商売〟をするのが良いんじゃないかと思って。

――いつかお店をやりたいって思っていたんですね。

外志雄　会社員をずっと続ける気はなくて、『ＪＢＳ』みたいなお店をやりたいなとふわふわした気持ちで物件を見ていました。そこで２０１１年に震災が起こってなんだかボーッとしてしまって。そんな時にたまたまこの辺りを歩いていて、この物件のテナント募集を見つけたんです。

――吉祥寺や阿佐ヶ谷など、他の場所は考えなかったんですか？

外志雄　ジャズ喫茶に来るお客さんは、どんな場所でやってもわざわざ来てくれるんです。

晶子　私たちは本当に成り行きで。この場所を見つけた時、その場で電話して契約してしまったんです。

時間をかけて内装費用を節約

――ここの内装はどうされたんですか？

晶子 前はカントリー調のグリルのお店でした。それをカフェにしようと内装を作ってる途中でやめてしまった人がいて、このまま残ってたんです。

――じゃあ造作譲渡はいくらだったんですか？

晶子 0円です。でも、冷蔵庫とかはなかったです。

――飲食店の経験が少ないお二人としては、そのあと内装はどうしようと思ったんですか？

晶子 インターネットで検索して、色々見たんです。ある業者には5、600万円って言われたんですが、高いなと思って。

外志雄 どの業者さんも、「いったんこの内装を取っちゃいましょう」って言うんです。こっちとしてはこの内装が気に入って契約したのに。スケルトンにするのに撤去費がいるって言われて。こっちが素人だから足下を見て、色んな提案をしてくるんです。

晶子 あまりお金はかけたくなかったので、「テンポス」という閉店したお店のテーブルや冷蔵庫などを売っているところに行きました。そこの人から個人の内装業者を紹介できると言われた

ペンネやクロックムッシュなどの食事メニューも充実。メニューによってはLサイズやハーフサイズも用意している。写真は人気の高い「ひよこ豆とひき肉のドライカレー」600円。

んです。厨房・内装を含めて300万円でやりたいと伝えたら、そこに永チャン（矢沢永吉）みたいなおじさんがいて、「俺が230万で内装やるから、厨房機器はそっち（テンポス）が70万でやってよ」と言ってくれたんです。「短期間でやるのは高くなるけど、空いている時間でゆっくりやっていいなら安くできる」と言われて、当時はまだ会社員だったのでそれで良いかと思って。

外志雄　永チャンが、若い大工さんや左官屋さんを送り込んでくるんです。

晶子　7月に借りて、12月にオープンしたので、時間だけはたっぷりあったんです。大家さんにも「早く借りるから、家賃は安くして」と交渉して、家賃は3万円下げてもらいました。だから、長い目で見たら結果的に良かったです。

――すいません、家賃を教えていただけますか。

晶子　10坪で12万9千円（取材当時）です。

――すごい安いですね。

晶子　安いですか？　でもこの場所ですよ。

――じゃあ内装は300万円で、開店するのに全部でどのくらいかかりましたか？

晶子　7、800万円です。無借金で、全部自分たちの貯金です。

――椅子やテーブルは？

晶子　今はないですけど、近くにヴィンテージのお店があって、そこで買いました。そのお店がなかったらここで店をやらなかったかもっていうくらい良い感じのお店で。

――オーディオはどうやって購入したんですか？

外志雄　ネットで検索して、粘着しました（笑）。秋葉原のハイファイ堂で購入して、全部で70万です。

――ジャズ喫茶はうるさがたがたくさん来ますよね。秋葉原のお店で色々と相談して決めた感じですか？

晶子　元々このスピーカーは良いなと思っていたんです。でも、売ってないだろうなって思っていて。たまたまネットで商談中のものを見つけて、お店に行って交渉したんです。店をやると伝えたら、「ちょっと聞いてあげるよ」と言ってくれて。その場でアンプをみつくろってもらいました。

計算はせず、まずやってみる

――メニューはどういう風に決めましたか？

二人　…（沈黙）

――あのお二人とも固まっていますが。飲食店の開店ってメニュー決めが一番楽しいところですよね。

外志雄 『JBS』が一律500円だったから、500円で良いかと思って。

――「このくらいの売り上げが欲しいから、回転数はこのくらいで」って計算はしなかったんですか？

晶子 その計算、1回やろうとしたんですが、「これは絵空事になる」と思ってやめたんです。

外志雄 だってその計算って融資してもらうためにするものですよね。

晶子 信用金庫の人に「今しか借りられないから、借りた方が良い」と言われて。事務所で回転率などを教えてくれたんですが、すごく絵空事だなあと思って。

――でも、その時に「お客様の平均単価」というのを頭で描くんですよね。平均単価が1500円だったら、1500円のセットを用意する。500円のお客様もいるけど3000円のお客様もいるって感じで、自分たちの中でお客様の感じを想像すると言いますか。

外志雄 〝徳が高い店〟にしたかったので。

――（爆笑）

晶子 ほんとに何も考えてなかったんです。とりあえずやってみようという感じで。彼がすぐに会社を辞められなかったので、私だけで先に店を始めたし。彼が会社を辞めたのは3月でした。

――じゃあ、12月に開店して、旦那さんが店に入った3月頃には「このくらいの売り上げでやっていけるな」って見通しは見えていたんですね。

二人　全然。

――えええ！

晶子　おしゃべり禁止のルールもまだなかったし。会社の人とか知り合いが来て、飲み屋みたいに使ってくれている感じでした。まだすごくザワザワしていて。

――おしゃべり禁止のルールは4月から始めたんですか？

晶子　1年くらい経ってからです。

お金儲けをしたいとは思わない

――コーヒー豆はどういう風に決めましたか？

晶子　色々取り寄せたり、ネットで検索したりしました。

――誰かに教えてもらったりはしなかったんですか？

晶子　飲食の人には聞かなかったです。

外志雄　1日限りのコーヒー教室には行きました。

晶子　結局、その焙煎工房が真面目にやっているところで、業界内の何の派閥でもないと言っていたのに共感して、そこから仕入れることにしました。

――焙煎をやろうと思いませんか？　焙煎をやると儲かるんですよね。

晶子　今は考えたことないです。何年後かにやるかもしれないですけどね。ジャズ喫茶でも自家焙煎になったってお店ありますよ。原価が変わるから良いって。

――ネットでグッズを売ったりは？

晶子　そういうのはあまり思わないです。

外志雄　〝徳が高いお店〟をやりたいので（笑）。

――そんなにお金儲けはしたくないんですか？

晶子　家賃が払えないとかになったら考えるかもしれないけど、今は好きなことやって普通に生活ができているからそれで良いかなと思って。そもそもジャズ喫茶をやれると思っていなかったから、意外とできたってことが嬉しいんです。

――これから飲食店をやりたいという人たちに何か一言お願いします。

晶子 夫婦や共同経営でやる場合は、相手を変えようとしない方が良いです。心がけておくと不毛な喧嘩を減らせます。

外志雄 喫茶店をやりたいと思う人は、オープンカウンターにするかどうかを考えた方が良いです。私たちはラーメン屋のカウンタースタイルなんです。ジャズ好きの人の話し相手をしなくて良いんです。

晶子 意外とそれを知らなくて、オープンカウンターで始めてすごく人疲れして、イヤになってしまう人もいますから。最初にお客様と話したいのかどうかを決めた方が良いと思います。

取材を終えて…

僕、色んな若者に「脱サラしてお店をやりたい」と相談されるんですが、いつも「最低2年はどこかの飲食店で修業した方が良いですよ」と助言しています。それが、齊藤ご夫妻はほぼ未経験でこんな良いお店を作られていて、今回はそれが一番驚きでした。

正直、どこかで飲食店を経験した方が、自分でお店を始める時、先輩やオーナーから「内装はこういう人に頼めば安くなる」とか、「原価計算はこうした方が良い」とか、色んなことを教われるんです。でも、齊藤ご夫妻は一切経験がなくてもこんな風にお店を始められて、すごく成功しています。今、ロンパーチッチさんと言えば、若者が憧れる有名店です。

「飲食店の経験だけ」でお店を始めてしまうと、「美味しい料理を安く提供すればお客さんは来る」、「この立地で周りに似た飲食店が少ないから、必ず上手くいく」といった方程式に沿って計画して、どこか魅力のないお店になって潰れてしまうことが多いんです。ロンパーチッチさんはその逆をいくお店ですね。立地や原価計算を全く考えず、自分たちの好きなお店にすればお客さんは来ると信じています。とても参考になると思うので、是非、足を運んでみてください。

提供メニュー（一部）

◎ガトーショコラ…400円
◎ひよこ豆とひき肉のドライカレー…600円
（Lサイズ800円）
◎ピクルス…200円
◎コーヒー…500円
◎ハイネケン…500円
◎グラスワイン…500円
※価格はすべて税抜

開業データ

開業年月日：2011年12月10日
開業投資額：750万円
物件取得費：120万円
内外装費：230万円
厨房機器・什器備品費：400万円

rompercicci

☎03-6454-0283｜新井薬師

住所：東京都中野区新井1-30-6 第一三富ビル102／営業時間：11時〜23時／定休日：月曜（月曜が祝日の場合、翌火曜が休み）／坪数・席数：10坪・20席／客単価：1000円

立ち飲みの成功店

08

個性を活かしつつ、〝軸〟のブレないスタイル

三軒茶屋◉Pigalle

山田英博さん（左）、山田千恵さん（中央）

結婚後、2010年に三軒茶屋にクラフトビール専門のビアパブ『Pigalle』をオープン。クラフトビールは、ヨーロッパ系4種類、日本のものを2種類、計6種類のビールを常時提供している。英博さんと千恵さんは、定期的にヨーロッパへ足を運び、現地で仕入れを行っている。店内ではクラフトビールの小売販売もしており、テイクアウトのみの利用も可能。

僕のお店bar bossaに開店当初からずっと通っていただいている山田さんという男性がいまして、その方、出会った当時はパン屋さんで働いていたんです。その後、山田さんはビールを飲みにヨーロッパへ行きました。ワインやチーズも大好きな方で、僕としては「ワインとチーズと焼きたてのパンを出すお店」をされるのかなと想像してたんです。それが山田さん、お料理も得意のパンも出さない、小さなクラフトビール専門店を始めまして、すごくびっくりしました。

お店は立ち飲みで、山田さんと奥様の千恵さんと一緒にサービスをされています。ご存じかとは思いますが、クラフトビールって原価が高いんですよね。飲食店は「原価率3割」の法則があります。その通りにしてしまうとクラフトビールって1杯2000円とか、すごく高くなってしまいます。そしてビールはお腹がいっぱいになるので量が飲めません。それをなんとかするために「料理で儲けたり」するのですが、その道は選んでないんです。

でも、いつ行ってもお客さんがいっぱいで大繁盛しています。そして酒販免許をとってテイクアウトのビールも販売しています。酒販免許って、確か取得するのがすごく難しいはずですよね。そのあたりも詳しく聞いてみました。

――飲食業を目指したきっかけはなんですか。

英博　最初はケーキ屋の皿洗いみたいなバイトをしてたんです。そこから作りたいと思って、神楽坂の『ベッカー』というドイツパンのパン屋さんに就職して、2年くらい働いていました。その次は『アンデルセン』で。

――パン屋さんになろうとは思わなかったんですか？

英博　パンを焼くのは好きだったんですけど。ビールを飲むために海外に行った時に酒場を見て、自分もこういう風に酒場をやりたいなと思って。

――チエさんは飲食業の経験は？

千恵　学生の時にグローバルダイニングの内装がすごくかっこいいなと思って、アルバイトで入りました。最初はお台場の『ゼスト キャンティーナ』、その次に渋谷の『レガート』。その前には『タブローズ』って一番高級なとこで研修もさせてもらって。そこですごくサービスを学びました。その後はイングリッシュパブみたいな、広尾にある『ボンド』っていうお店で働きました。そこで彼に出会って。15、16年前ですね。

――お店をやろうとは思わなかったんですか？

千恵　思わなかったですね。どっちかっていうと彼みたく絶対やりたいみたいな人とやるほうが性格にも合ってるし。

英博　俺はパン屋を辞めて、横浜のビアバー『横濱チアーズ』の立ち上げに参加して、そこで5年働きました。その時は、もう結婚してたので、まぁタイミングができた時に独立するからねって話はしてて。二人で色んな準備をしてました。

――このお店、どこかのイメージってあったんですか？

英博　店の雰囲気は、特定の場所はなくて。でも、すごく影響を受けたのは、プラハにあるどうってことないビールのあるお店です。ふと入ったお店で、色んな世代、色んな人が飲みに来ていて、合わさってるんですよね。ビールカルチャーがあるので、若い人もいれば、工事現場のおじさん、おばちゃんもいるみたいな感じで。そこを見た時にこういうお店をやりたいなと思いましたね。

二人の個性が融合した内装

――場所は三茶にしようと初めから決めてたんですか？

英博　はい、決まってました。三茶は大きなお祭りが2つあったりして。その雰囲気や下町の感じが好きで。

英博　大道芸があるのが、ちょっとヨーロッパっぽくて、それがすごく好きだったんです。自分が一人でヨーロッパに行った時に、土日に大道芸がやってるんですよ。寂しくなるとなんかそれで結構癒されたっていうのがあって、それで三茶に住んだ時に大道芸があるって知って、それがしっくりきて。

――このカウンター、すごい感じいいですよね。これ初めからこれだけ味があったんですか。

千恵　付き合っている頃に、この1枚板の木にたまたま出会ったんです。いつか店をやる時にこれをカウンターにしたいねって言ってて、家でずっとテーブルとして使ってました。だから年季が入っているんです。それを切ってカウンターにしてもらいました。うちの親が建築の仕事なので、親とか弟とか、家族を借り出して作りました（笑）。

――この内装の雰囲気はチエさんのセンスで？

千恵　二人ですね。剥製とかはヒデさんが好きで。あと変な絵もヒデさんが好きで置いてます。全然日常と違う空間を作るっていうのは最初から決めてました。店の中へ一歩入ったら、完全に普段とは違う空間っていうのが私すごく好きなので。

イギリスの「ワイルドビア ネブラ ヘイジー IPA」と人気の「デンマークホットドック」。

クラフトビール専門店の難しさ

——ビールだけでやろうと思っていても、他のアルコールを出してって言うお客さんっていっぱいいますよね。

英博　いますね。最初すごく怒られました。なんでビールだけなんだって。最初に来たお客さんには、「この店は1年で潰れる」って言われました（笑）

千恵　でも、「あ、ビールしかないんだ」って言われても、地道に、こういうテイストありますよとか、チェリーのベルギービールありますよとか、ガスが控えめのビールありますよ、って言ってました。

——普通のラガービールを飲みたいって人にはどうやって言っているんですか？

英博　実は最初は大手メーカーのラガービールを2年間くらい置いてました（笑）

千恵　やっぱり怖かったんですよね、最初は。クラフトビールは1杯4桁するじゃないですか。こんな高いの？　ヒデさん大丈夫？　みたいなこと言ってて。

——そのビールはいくらで出してました？

英博　600円ですかね。

――そのビールはどうしてやめようと思ったんですか。

千恵 三軒茶屋に根付くためにと大手のビールを始めたんですけど、気づいたらみんながそればっかり飲んでる時があって。それで二人ですごく悩んで。でも、これってやっぱり私たちがやりたかったことじゃないよねって話して、このまま行くのは危険だねって言って。実はそのあとに同じ大手メーカーのビールで少しランクの高いのにしてみたんですよ（笑）

英博 その時800円くらいで出したんですけど、お客さんにやっぱり言われたのが、800円高いねって。600円だったら飲んだよって言われた時にこれは危険だって思ったんですよ。このラインだとこれ以上のチャレンジができないって。だからそこはカットしなきゃいけないって思って。

千恵 あれが店を始めて最初の大きな決断でした。

――おつまみなんですけど、最初はもう少しあったんですか？

英博 最初はベルギーのフライドポテトとかでしたね。

――どうしてあんまりやろうと思わないんですか？

千恵 キッチンにビールの冷蔵庫を入れたので、スペースがなくなったんですよね。2013年かな。店を始めて3年してからですね。そのタイミングでフードもやめました。

クラフトビールの小売に挑戦

—— 酒販免許（酒類販売業免許）はどうして取ろうと思ったんですか？

英博 キャパが小さいのでこれ以上お店でできることは限られるじゃないですか。その時にテイクアウトはデカいなって思って。

千恵 当時クラフトビールはブームになりかけてて、でもブームで終わらせたくないねって話してて。それでブームで終わらせないためには、自宅でもクラフトビールを飲んでもらわないといけないなと思って。

—— 酒販免許って簡単に取れると思ってましたか？

英博 新聞か何かで法律が改正されたのは頭に入ってたんですよ。それで税務署に相談に行ってみようとなって。でも、やっぱり大変でした。ハードルはかなり高いですね。

—— 酒販免許をとるのにお金って必要なんですか？

千恵 自分たちでやればお金はかからないです。

英博 代理店もあるんですけど、自分たちはそこを通さずに全部やりました。

千恵　税務署で聞いてみたら、飲食店っていうのがネックになってるって聞いて。もう1店舗借りるとか、2階とかならわかるけど、同じ空間内に免許を出すことは基本できないんですよね。でも何度も税務署に通って、「じゃあ、どうしたらできるんですか」って聞いて、仕切りが絶対必要ですとか、あきらかに酒屋さんってわかるような作りにしてくださいとか、色々いくつか条件があって。それを1個ずつ解消していった感じですね。

——テイクアウトだけの人もいるんですか？

英博　います、います。

千恵　でも、割合で言ったら、飲食が8割で、小売が2割くらいです。

——小売用のビールの仕入れは、仕入価格でちゃんと卸してくれるんですか？

英博　はい。酒屋さんを通さないでインポーター直でやってます。ロットは飲食店よりは多いです。

自分のやりたいことを信じる

——売り上げってどのくらいですか。

英博　売り上げ…月で200万くらいですかね。良い時は250万くらいです。

――えーすごい！

英博 でも、それは酒の販売を始めたのもあるので。

千恵 いや、でもほんと儲かってないんですよ！

――えーすごいいってますよ！

千恵 いや、でもうちの仕入れの金額半端ないんですよ。

――あーそっか。

英博 そうだね、在庫が多くなるね。

――いや、でもすごいですね。5坪でそれってめちゃくちゃいってますね。

千恵 え、そうですか？　そうやって言ってもらえると自信になります（笑）

――120万とか、150万くらいだと思ってました。

英博 いや、最初のころはそのくらいでした。

千恵 そうだね。最初のオープンしたてのころは、1日5万円売り上げた時に「すごい！　5万円も売った！」って思うくらいの売り上げが何年も続いてたので。

――これからお店、あるいは飲食業をやりたいと思っている若い人に一言お願いします。

英博 自分の店をやろうと思ったら、自分のことを信じて、自分のやりたいこと、やることを信じた方がいいですよね。あとはやっぱりブレない方がいいなって思います。

千恵　接客業だからすごい色んなことが起きるんですけど、お客さんにちゃんとまじめに向き合えば、やりがいを感じられる仕事だと思います。大変なことはいっぱいありますけど。

ピガールさん、やはり「一つのことにこだわる」と「地元に根付く」、この二つの軸がブレないというのが大きそうですね。内装の個性も含め、他にはないお店ですね。

取材を終えて…

最初に600円の大手のラガービールも出されていたんですね。そりゃそうしますよね。突然、全部高いクラフトビールだけだと三茶では難しいのではと僕も思います。しかしそれをやめたというところが、ピガールさんの大繁盛の理由ですね。

お店には外国人のお客様も多くて、お二人ともしょっちゅう現地に出かけて、お店やお酒をチェックされていますし、ビールの作り手の方たちもよく来店されていて、「現地の空気感を山田ご夫妻のフィルターを通して伝える」のがすごく上手いんだなあということがわかりました。

そして酒販免許です。これ本当にしつこく質問したのですが、お二人は何度も税務署に通って、全部自分たちで取得したそうです。免許取得を手伝う代理店もあるそうですが、税務署の人も嫌がらず丁寧に取り方を教えてくれたそうです。酒販免許、あると全然営業が違いますよね。お店をやられる方、やっている方も是非、参考にしてみてください。

そして、千恵さんの内装のセンスです。もう、日本人じゃないと感じてしまうくらい、とてもユニークな雰囲気なんです。すごく小さいお店で、駅近で、ご夫婦でお店をやっていくにはどうすれば良いのか、アイデアが詰まっているお店ですよ。是非、行ってみてください。

提供メニュー(一部)

◎ドラフトビール…800円〜(常時6種類ほど用意)
◎シードル・サイダー…850円〜
◎ホットドッグ…650円
※ボトルビールは税抜。それ以外はすべて税込価格

開業データ

開業年月日:2010年6月20日
開業投資額:300万円
物件取得費:150万円
内外装費:100万円
厨房機器・什器備品費:50万円
(2013年に設備一式入れ替え、更に200万円)

Pigalle

☎03-6805-2455 | 三軒茶屋

住所:東京都世田谷区太子堂2-15-8/営業時間:平日・土曜16時〜25時、日曜・祝日14時〜22時/定休日:月曜(但し祝日の場合は翌火曜休み)/坪数・席数:5坪・10席/客単価:1000円〜2000円

立ち飲みの成功店

09

自分の感性に従って行動する

三鷹台◉三鷹バル

一瀬智久さん

10代の頃から飲食業での独立を目指し、28歳の時に東京・三鷹台に当時としては珍しいスペインバル『三鷹バル』をオープンさせた。その後、姉妹店としてイタリアンバールの『Bacaro FERRO』(現在は別オーナー)や、自身の趣味でもあるロッククライミングのジム『三鷹ジム』を開業。さらに、飲食店の内装工事などを請け負う仕事も並行して行っている。

今、日本中どんな街に行っても「○○バル」という名前の飲食店があると思います。立ち飲みだったり、あるいは高いテーブルと椅子だったりして、ワインが中心でビストロやレストランよりは安めの設定のお料理で、気軽に1杯から立ち寄れるお店です。

その「○○バル」って昔はもちろん日本に存在しなかったんです。でも、ある日、一瀬智久さんが『三鷹バル』というお店を始めて、それが大繁盛して大きな話題になって、色々なタイプの「○○バル」というお店が日本中にできることになりました。

この三鷹バル、実は僕は妻と犬の散歩をしていて気がついたお店です。正直に言ってしまって、その立地、そんなにお客さんがたくさん来るとは思えないんです。行かれた方はご存じかと思いますが、周りは閑散としています。それでも外装がとても魅力的で、「これは！」と思って数日後にお店に行ってみたら、すごく良いお店でびっくりしました。

その後、一瀬さん、他にもユニークな物件のお店も開店されていて、僕は一度、一瀬さんのことを「物件の魔術師」と呼んでいたことがあります。そのあたりを詳しく聞いてみました。

学校に行かず、厨房で働いた

――高校を卒業した後、飲食店で働こうって思ったんですか?

一瀬 僕、高校に行ってないんです。中学の時、別にいじめられたとかってわけじゃないのですが、あまり学校に行かなくなってしまって。今だとそういう不登校の人って多いですが、当時はまだ少なかったので親もすごく心配して。最初は「行け」って言っていたんですが、色々と親も不登校について勉強してくれて、まあ学校に無理して行かなくても良いんだねってわかってくれて、それでいいということになりました。

――それは良いご両親ですね。

一瀬 はい。学校は行きたくなかったら行かなくて良いです。それで、学校に行って普通に就職するのは無理かなって、自分にできる仕事はコックか大工しかないなと思いました。

――中学を卒業して飲食店で働き始めたんですか?

一瀬 いえ。中学3年生の頃から働いていました。ずっと厨房ですね。若すぎたから外でサービスの仕事はさせられないって思われたのかもしれません。それで18歳の時に長野のレストランに住み込みで就職することになりました。長野だったので、登山やクライミングをするようになって、そこで3、4年働いた後にヨーロッパに行ったんです。

スペインバルとの出会い

旅行の目的は一応ヨーロッパのレストラン視察だったのですが、半分以上は山を回るのが目的でした。スペインには気になる岩があって行ったんですけど、そこでスペインバルに出会って。「めっちゃいい!」って思って、スペインバルを回ったんです。「このシステムはいい、これを日本でやろう」って思いました。

それで日本に帰ってきてからは、栗原はるみさんのレストランで働きました。そのレストランのシェフに「独立するならスペインバルでやりたいです」って言ったら、そのシェフが「じゃあスペインレストランで働いた方が良いよ」と、参宮橋の『ロス・レイエス・マーゴス』(※1)を紹介してくれて働くことになりました。

—— 当時、日本にスペインバルは全くなくて、日本人は誰もスペインバルの存在に気づいてなかったわけですよね。

一瀬 まあスペイン料理業界の人は知っていましたが、バルと言ってもこれはスペインレストランだなっていうのがありましたね。

――このスペインバルをそのまま日本に持ってきて大丈夫だと思いましたか？

一瀬　はい。これは『いせや』（※2）と同じだって思いました。ワインになっただけだなって。

――なるほど。参宮橋で働いたのは3年ということですが、その間にスペイン料理業界で「スペインバルをやりたい」って言ったら、周りの反応はどうでしたか？

一瀬　うーん、キョトンとしていましたね。『ティオ・ダンジョウ』という有名なスペインレストランの1階で、僕が始める1年前に『ザ・バル』っていうのがありましたけどね。そういう意味では全く初めてってわけではないですね。

三鷹台でバルを開業

――さて、この三鷹バルの物件ですが、どうやって出会いましたか？

一瀬　当時、三鷹で住んでいたので三鷹で探していたんです。10坪で20万円くらいの物件を探していたんですが、あまり面白いのがなくて、それで「三鷹台にこういうのがあるよ」って紹介されたんです。最初はカウンターがあって、奥にテーブルがあってっていうのを考えていたんです

※1.1986年創業の、東京・参宮橋の老舗スペイン料理レストラン。
※2.東京・吉祥寺にある老舗立ち飲み居酒屋『いせや総本店』。

写真は、自家製プリン。たっぷりとした大ボリュームが特徴。
同店のメニュー、はすべて店内で作られた手作り。

けど、この物件だとカウンターのバルしかできないけど、それも潔くて良いかって思って決断しました。

―― 僕、実はこの辺の土地勘がありまして、全然人がいないですよね。それなのにここで新しいスタイルのお店を始めるのはすごく勇気がいったと思うのですが。

一瀬 そうですね。全然お店もなかったので、これは一人勝ちするなって思いました。

―― あのー、お店がなかったのはなかったなりに、ここにお客さんがいなかったってことだと普通は思うはずなのですが。

一瀬 ビールの営業さんに商圏のデータをもらって、乗降者数とかどんな世代がどのくらい住んでいるとか教えてもらって、中々厳しいっていうのは聞かされましたけど、でもいけるだろうなって思いました。

―― 最初からお客様は来ましたか？

一瀬 暇な時もありましたが、近所のお客様一人ひとりに満足してもらえれば大丈夫だなって思ってました。

―― 雑誌の取材が来始めたのはいつですか？ 客層は変わりましたか？

一瀬 雑誌はオープンから1年後くらいですかね。でもその頃にはすでに毎日満杯になっていました。客層はそんなには変わらなかったですよ。まあ同業者の方が増えましたね。

――三鷹バルさん以降、日本全国にスペインバル・ブームと、街の名前をつけた○○バル・ブームが来たわけですけど、一瀬さん自身、自分が時代を変えちゃったなあって気持ちはありましたか？

一瀬　ないです。（苦笑）

飲食店の内装プロデュース業も

――その後、富士見ヶ丘の『バーカロ』（※3）を開店するわけですが。僕いつも思うのですが、どうやってあんな面白い物件を見つけてくるんですか？

一瀬　いや、お客さんがたまたま上に住んでて、「下が空いたよ」って言うから見に行って、良いなあと思ったんです。別に特別なルートとかはないですね。

――でも、一瀬さん、物件がすごく好きですよね。bar bossaに来ていただいた時も、ワインとかの話ではなくて、窓とか裏側とかそんなことばっかり仰ってましたよね。

一瀬　はい。お店は街の一つにならないと、違和感のあるお店になっちゃうと思うんですよ。違

※3.元々は三鷹バルの姉妹店としてオープンした、イタリアンバール『Bacaro FERRO』。2016年には移転を機に、三鷹バルで働いていた河合麻希さんがオーナーとして独立し営業を行っている。

和感なく収まるっていうのは店の中だけでなく、店の周りも大切だと思うんです。

――実は、高城さん（※4）から「立ち飲みは単価が低い」って聞いたんです。お店が流行り出したら、どうしても単価を上げたいと考えると思うのですが、どうですか？

一瀬　う―ん、1杯400円だけの人もいても良いですし、まあ僕も安く楽しく飲んでもらった方が良いですし、ここはそんなには儲からなくても良いかなって。もちろんスタッフにも給料はたくさんあげたいし、お金はたくさん入ってきた方が良いので、回転を良くした方が良いかなっていうのは思いますけど…

――西谷さん（※5）は回転させるために「お会計いいですか」とかって言うそうなのですが、そういうことは言ってますか？

一瀬　う―ん、言ってないですね。ずっと長い時間喋って1杯だけだったって方もいますが、まあそういう時もあると思うので。

――内装の仕事もされてますが、どういう風にされてますか？

一瀬　まず、依頼主からメニューとコンセプトを聞いて、物件を見て、僕が図面を引いてって感じですね。大工仕事も全部自分でするので、材料代に僕の工賃をいただくって感じですね。コンサル的なことはしませんが、意見は言いますよ。工事は大体、1ヶ月くらいかかるので、1ヶ月

※4.東京・渋谷で『RISOTTO CURRY STANDARD』や『かしわビストロ バンバン』を営む、高城直弥さん（P.156）。開業のきっかけとして、『三鷹バル』との出会いを明かした。
※5.東京・渋谷『COFFEEHOUSE NISHIYA』を営む西谷恭兵さん（P.72）。

で自分に60万円くらい残すのを目標にやっています。たまに予算がなくて、色々なところで断られて、最後に僕のところにやって来るって人がいまして、そこで相談にのって、ここまでだったらできますよって言うことはありますね。お店は僕の宣伝にもなりますから、「良い人がいたら紹介してください」って言ったり、「儲かって2号店を出すときはちゃんとした金額で依頼してください」って言ったりしますかね。

——一時期、三鷹バルをベジタリアンのお店にしていましたが。

一瀬　当時、自分がベジタリアンだったのと、常連さんの食生活を聞く中で野菜を食べさせたいなって思って始めました。でも、ベジが目的のお客様はあんまり来なかったですね。あと原価が高くなりますし、僕自身、雑食に戻ったのでやめました。

アメリカで広がる新たな潮流

——ビジネスとしての飲食業はどう思いますか？

一瀬　自分自身、今までビジネスとして考えてなかったと思っています。でも実は野望があって、出店するのにお金がかからないから、同じコンセプトでたくさん出店しても良いのかなって思ってます。同じコンセプトなら セントラルキッチンとか可能だし、ある程度できた料理を現場であまり経験のないスタッフが出すだけってこともできますし、今後はビジネスとして考えていきたいなって思います。

――今、お酒離れがすごく進んでいますよね。今後はどうなると思いますか？

一瀬 今、アメリカで大麻が少しづつ合法化されていますよね。大麻の身体への影響ってコーヒーのカフェインと同じくらいらしいです。それでお酒から大麻の方に流れている人も多くて、今は煙草より大麻の売り上げが多いらしいです。大麻は300種類くらいあるそうで、味も色々あって、効き目も違うそうなんです。そういうのをセレクトしてくれるバーテンダーみたいな職業の人もいるらしくて、もし日本も合法化されることがあったらそういうこともあるのかなって思ったりします。

――最後に、これから飲食店をやってみたいと思っている人に一言お願いします。

一瀬 良い仕事なので、絶対にやった方が良いと思います。その場で感謝されるっていうのが良いですね。本当に良い仕事だと思います。

インタビューを終えて、一瀬さん、絵描きのような芸術家タイプの人だったんだって痛感しました。良いプロデューサーがつけばさらにすごいことになるかも知れないですが、これで良いのかもとも思います。飲食業って希有な人材がいるところですね。

カウンターに沿って、横一列にお客が並ぶようになる店内。最大12人ほどが入る。お客からは、「ぎゅうぎゅうになりながら飲むのも楽しい」という声も聞かれた。

取材を終えて…

正直に言いますと、この本のインタビューで一番大変だったのが一瀬さんでした。飲食店経営者のほとんどが「お話好き」で、常に「どうすればお客さんが来るか」をマーケティングしていて、そういうことを話すのが大好きなんです。でも一瀬さんは、すべて〝感覚〟で経営しているんです。僕としては日本の飲食スタイルを変えた方だと思うのですが、「スペインバル」を思いついたのも、「これ良いなあと思った」という感じですし、「1杯で長居する人」に関しても、「まあそういう人もいるし、たくさん飲む人もいるし」という感じで、全然神経質じゃないんです。

さらに一瀬さんのもう一つの顔、飲食店の内装工事というのも面白いですね。普通、お店を成功させて「店舗プロデューサー」になるというパターンは多いのですが、一瀬さん、複数店舗を経営しているのに、自分でトンカンやってしまうんです。本当に全ての飲食店の現場が大好きな方なんでしょう。こういう人が飲食店の歴史を変えるんだと納得しました。

たぶん一瀬さん、「飲食店」という物件、〝箱〟が大好きなんです。だから僕も外装を見て、つい行っちゃったんです。みなさんも是非、一瀬さんのお店、行ってみてください。

開業データ

開業年月日：２００６年10月10日
開業投資額：１３０万円
物件取得費：30万円
内外装費：50万円
厨房機器・什器備品費：50万円
運転資金：20万円

三鷹バル

※現在は休業。代わりに下記店舗を営業中。

トリツカレ男

住所：東京都高円寺北3-2-19／営業時間：18時～24時／定休日：なし／坪数・席数：4.5坪・立ち席のみ／客単価：1050円

酒場の成功店

10

人を育て、人と一緒にビジネスをする

三軒茶屋◉ニューマルコ

河内 亮さん

アパレルブランドに就職後、学生時代からの友人である小柴直哉さんと飲食店の開業を志し、2014年に新潟産を中心とした産地直送の野菜を使ったおつまみと、自然派ワインや日本酒を提供する、『三茶呑場 マルコ』をオープン。2017年には1店舗目の『マルコ』の近くに姉妹店『ニューマルコ』、2018年には立ち飲み店『コマル』をオープンした。

三軒茶屋ってどういう街のイメージがありますか？　僕は正直、三茶は「飲みに行く街」というイメージがあります。みなさんご存じ、三茶の中心の三角地帯にはありとあらゆる種類の飲み屋がありますし、その周りにも有名なビストロやカフェ、バル、ありとあらゆる飲食店がひしめきあっている「激戦区」です。

その三茶で、今、すごい大繁盛の「マルコ系」のお店があるという噂を耳にして、早速、1店舗目の『マルコ』さんに電話をしてみました。しかし、予約でいっぱいということで、2店舗目の『ニュー・マルコ』さんに電話をし、なんとか予約がとれたので、妻と行ってみました。

場所は三茶から下北まで続く茶沢通りを1本奥に入った、ちょうど良い場所の2階です。僕たちの予約した席には「林様」と書いた紙が置いてあって、「うわあ、歓迎されている」という気持ちになりました。噂の前菜盛り合わせを頼むと、どれを食べても驚きの美味しさです。ワインは最近よく見かける、自分たちでセラーに行って、手にとって選ぶという楽しいパターン。

スタッフの接客から、お料理、お値段、お客様の雰囲気も、どれもこれも最高過ぎて、すっかりファンになってしまいました。話を聞くと、オーナーはアパレル出身とのこと。僕の師匠である中村悌二さんも、僕の妻もアパレル出身なので、これはと思い、色んな話を聞いてみました。

――アパレル出身とのことですが、具体的にどちらで？

河内　BEAMS（ビームス）です。洋服以外も取り扱っている店舗でした。今、共同経営している小柴直哉は、学校もBEAMSでもずっと一緒だったんですが、彼と「自分たちが行けるような遊び場が欲しいね」と話していて、そこから飲食店を考え始めたんです。

――じゃあもしかしたらカフェだったかもしれないんですね。

河内　最初はカフェを考えていました。僕らが20歳くらいの時、先輩が立ち上げたブランドにはカフェやバーが併設されていて、まだバルブームが来る前のカフェブームの時だったんです。

でも、僕らが行くのは酒場が多いから、勉強して10年後くらいに酒場がやれたらいいねと話していました。

――ということは、今このスタイルでお店をやっているけど、10年後、20年後は全然違うスタイルでやっている可能性もあるんですね。ファッションと一緒で飲食店もどんどん流行りが変わっていくじゃないですか。

河内　可能性はありますね。僕らがずっと同じ飲食スタイルを続けていくのは難しいです。それよりも料理と器の見せ方とか、〝感度が良い物をお客さんに与える〟ということを意識した方が良いと思います。

コンセプトは〝シンプルで和〟

――和食の修業をされたんですよね。

河内　先輩が新潟でお店を出すことになって、僕もそろそろアパレルを辞めて本格的に飲食をやりたかったので、そちらのお店で働かせてもらうことになりました。新潟で2年半修業しましたね。相方の小柴はパン屋と洋食店にいきました。ワインが好きなので、自然派や国産のワインについて勉強しました。

――共同経営って喧嘩して失敗するとよく言いますが、周りに止められませんでしたか？

河内　役割を決めましたね。僕が代表で、彼が補佐。彼は料理人ではなくサービスの人なので、そういう役割も線を引いて決めました。経営者の方はみなさん、「究極の2番手が欲しい」って言うじゃないですか。

――あ、じゃあ小柴さんは「2番手」ってことに納得してくれているんですね。

河内　はい。そうです。

――お二人は和食と洋食をやってきたわけですが、一緒にお店を始める時に、そこでぶつかることはなかったですか？

河内　小柴とはずっと連絡取り合っていて、一緒に遊んでいたんです。その頃「ワイン×居酒屋」の店ってなくて、飲食業界はジャンルが混在する業態に目を向けていない時だったんです。それで、僕らはアパレルから来たわけだし、僕らしかできないようなお店をやるしかないねということになって、今の業態になりました。

――2014年に1店舗目『三茶呑場　マルコ』をオープンしたということですが、その当時、もうバルブームは終わりかけでしたよね。スタイルはどう決めましたか?

河内　僕はまず、その店のアイコンを決めるようにしているのですが、マルコは〝シンプルで和〟を基本にして、そこに色づけしていく感じでした。

ワインと和食の組み合わせは、自宅で料理を作って友達を呼んだ時に、みんな和食でも絶対ワインを持ってきていたんです。あと、普段食事していても、和食にワインを合わせることが多くて。そこからメニューづくりをしていきました。

酒肴5種盛り(日替わり)1580円。中央上(足付きの盛皿)から右まわりに、「低温おしどりの胸肉・セリ・キムチもやしの和え物」、「はんぺんのお柿揚げ」、「豚のあたりめ」、「合鴨とねぎの焼き漬け」、「地鶏と大根のさっぱり煮」。

出店する地域を徹底リサーチ

――三軒茶屋に決めた理由はなんですが？

河内　色んな場所を探したんですけど、「民度感がある」のと「商店街がある」のが決め手でした。駅前は考えてなくて、お客さんにわざわざ通ってもらう感じです。

――例えば、下北沢は考えませんでしたか？

河内　考えましたけど、客単価で判断しました。低単価でお店を回していくのと、しっかりサービスをしてしっかりお金をいただく2つがあると思うんですが、僕らは後者を選びました。

――下北より三茶の方が単価が高いだろうな、と考えたんですね。

河内　下北はリサーチしていると、生ビールの値段が380円だったりと低単価なんですね。店を出すとなるとそこに合わせなきゃいけない。僕、渋谷や六本木でも働いていたんで、しゃかりきに働いて同じサービスしてもこの値段かって気持ちもあって。もっと付加価値を持っても良いんじゃないかと思ったんです。それで三茶は一番民度も良くて、遅い時間まで飲んでいるので決めました。

ターミナル駅とかは考えなかったですね。渋谷や六本木は、大型連休とか本当に全然ダメなんです。新橋のお店なんて最初から土日を捨ててますよね。平日のランチとディナーで回している。僕らの場合、ランチはやらないけど、夜にしっかり営業するスタイルにしました。

一時、下北も考えましたけどね。でも低単価なのと、下北の人は三茶に飲みに来るけど、三茶の人は下北に飲みに行かない、ということもあってやめました。

――お金はいくら用意しましたか？

河内 小柴と二人で500万です。1千万借金して、1千500万にしました。

――もっと安く始める方法があるかと思いますが。

河内 これからの事業のことを考えて、あえてお金を借りました。

――すごい、経営者ですね。1店舗目の家賃はおいくらですか？

河内 9坪18万です。

――内装等はいくらですか？

河内 不動産所得を含めて、1千100万円です。安くしようと思えばできたと思うのですが、二人ともアパレルにいたので、「装飾が好き」と言いますか。あと、働いている側がしっかりした設備で働いているっていうことがステータスになると思ったので。結局長い目で見たら、お金はかけた方が良いですね。

——1店舗目のマルコさんの月商をお聞きしてすごくびっくりしたんですが、最初からそんなに行くと思っていましたか？

河内 思っていなかったです。始めは400万くらいでした。三人で休みなしでずっと開けてましたから。

スタッフには広く学ばせる

——最初にこちらに来た時、すごく接客が良くてびっくりしたのですが、そういう人を雇っているんですか。それともそういう教育をされているんですか？

河内 良かったですか？（笑）まぁ、飲食店って「サービスだけ」とか「料理だけ」って感じで、限られた範囲を学ぶことが多いと思いますけど、うちの場合、サービスや料理、お金のこと、あと人間性も学べるようにしたいと思ってやっていますね。いずれは独立させたいと思いますし。

——あ、社内の中で独立させるのも考えているんですね。

河内 もちろんもちろん。まだやってはないですが。まぁ、サービスについては逐一言っていますね。

――お通しを採用された理由は？　今、お通し嫌いな人っていっぱいいますよね。

河内　お通しってお店の価値をはかる最初のところなので、うちは400円なんですが、そこで400円いただけるだけ価値のあるものを提供すれば良いと思ってます。

――僕、ワインの原価がわかるんですが、ニューマルコさんの値付けって高くないと思うんです。でも、もう少し安い価格のワインを置こうとは思わないですか？

河内　品質は落としたくないんです。まあ安いワインってうちの課題ではあるんですが。

例えば、「2千円、3千円、4千円、5千円」のワインを置くと「2千円、3千円」が一番出る。「3千円、4千円、5千円」を置くと、「4千円」が出る。その辺のバランスは考えてますね。うちに7千円、8千円のワインがあるのを考えると、2千円代はないかなって思いました。

――グラスが空でお料理も全部終わっていて新しいお客さんが待ってる場合、「お客様がお待ちなので、そろそろ」と伝えることありますか？

河内　うちは2時間半の時間制なので、その間でしたら食事が終わってもずっといてもらっています。

――グラスが空いたら、「何かお持ちしましょうか?」って言っていますか？

河内　「何かお持ちしましょうか?」と聞くと、「大丈夫です」と言われてしまうので(笑)。だから、

「違うワインに変えましょうか？」と言っています。選択肢を与えると絶対に頼んでいただけます。

〝人〟から店を作っていく

―― 今、3店舗経営されていますが、今後はどうされますか？

河内 うちのやり方として、良い人がいたら、その人が店長のお店を考えようとなって、新店舗を出しているんです。

―― なるほど。良い物件があるから新店舗を始めるわけではなく、良い人がいるからその人に合ったお店を作ろうという発想なんですね。今後、和食じゃなくて、例えばベトナム料理をやろうといったこととかって考えていますか？

河内 それもベトナム料理をやる人で、良い人がいたらやりますね。ベトナム料理が今面白いからやってみよう、というのはないです。

―― お給料はどういう風にしていますか？

河内 社員は全員、売り上げに合わせて、ここまで達成したら給料も上がるってことにしています。

―― 例えば、マルコというブランドを使って、デパ地下に出店とかレトルト販売とか考えないですか？

河内　ケータリングはやろうと思っています。働き方改革で、働きたいけど昼間しか働けない女性の方の採用とか考えていきたいです。

――なるほど。マルコさんのブランドを上げるというよりも、まず「人ありき」なんですね。最後に、お店をやりたいって人に一言いただけますか。

河内　やり方、間口を広げるのが良いですね。僕にはこれしかできないと思わず、柔軟性を持った方が良いです。あと色んなジャンルの料理を食べると良いですね。日本って本当にレベルが高いですから。それが武器になるかなって思います。

取材を終えて…

河内さん、本当にすごい経営者なんですね。お店の隅から隅まで計算されているなと思っていたのですが、ここまで全てを計算されていたんだとびっくりしてしまいました。「下北沢は考えなかったんですか?」という質問に、「下北は生ビールが380円で、単価が低いと思った」と答えましたが、この視点、実は僕たちが「見過ごしがちな視点」なんですよね。

これを読んで「お店を始めよう」と考える方が多いと思いますが、なぜか僕たち、自分のお店に自信があって、「どんな金額、どんな場所でも、遠くからでも人はやって来る」と思いがちです。でも結局、お客様は「近所」のお店を一番使ってくれます。「その街にどういう人が住んでいて、働いていて、どういう風にお金を使ってくれるのか」を一番に考えないといけないんです。

しかし河内さん、「結局は人」というのもすごく良いですね。「こういうお店や、グッズやサイトは作らないいんですか?」という質問に、「そういうことをやれる良い人がいたら、やってみるかもしれません」と答えるんです。河内さん、これからもっともっと面白いことを始めそうです。お店、すごく良いですよ。色んなことが参考になるので、是非、三茶に行ってみてください。

提供メニュー（一部）

◎酒肴5種盛り…1580円
◎本日の刺盛り…1680円
◎塩牛スジモツ煮…580円
◎とろたま角煮ポテサラ…500円
◎イクラぶっかけオニギリ…680円
◎サントリーモルツ 生…550円
◎島レモン酎ハイ…480円
※その他、クラフトビール・地酒・ヴァン・ナチュールワインあり
※価格はすべて税抜

開業データ

開業年月日：2017年9月19日
開業投資額：1260万円
物件取得費：180万円
内外装費：850万円
厨房機器・什器備品費：230万円
運転資金：200万円

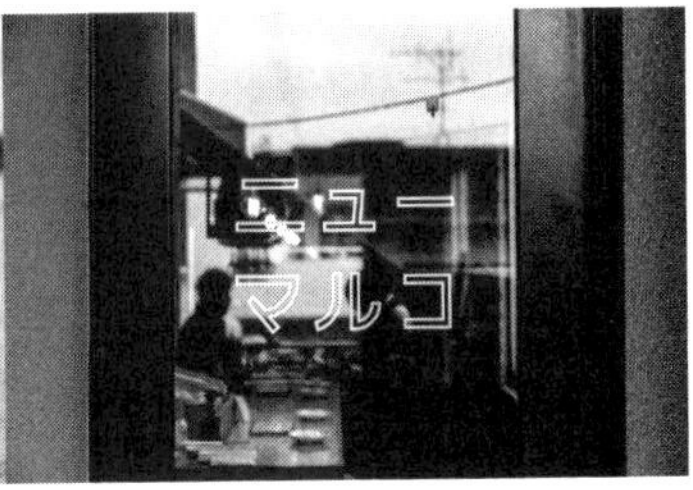

ニューマルコ

☎03-6805-5678｜三軒茶屋

住所：東京都世田谷区太子堂2-28-2 ライファービルII2F／営業時間：月曜～土曜18時～翌2時（L.O. 翌1時）、日曜・祝日18時～0時（L.O. 23時）／定休日：不定休／坪数・席数：6.6坪・10席／客単価：5000～6000円

酒場の成功店

11

変化を見据えて決断し、実行する

神泉◉かしわビストロ バンバン

高城直弥さん

辻調理師専門学校卒業後、飲食店での経験を積み、2008年に27歳で『世田谷バル』を開業し、大人気に。その後、2号店『リゾットカレースタンダード』で、看板メニューの「リゾットカレー」がミシュランガイドに掲載され、話題となる。2014年に渋谷・神泉に『かしわビストロ バンバン』をオープン。2017年には2号店を福岡県にオープンした。

僕の妻はとにかく人物評価が厳しいのですが、そんな妻がこの企画が始まるずっと前から「高城さんにインタビューしたら面白くなると思う」って言うんです。高城直弥さんは、そんな妻をはじめ、ファンが多いとても魅力的なキャラクターの方です。あなたの周りにも自然と人が集まってくる人っていますよね。一緒に働くと楽しいし、その人のために何か手助けしたくなる人。

でも、そんな高城さんの経営方針で疑問に感じることがあります。最初は小さな立ち飲みバルから始めて大繁盛店にしたんです。僕の周りでも世田谷バルはいつ行ってもすごく混んでいると話題でした。次に始めたお店も同じく小規模なのですが、今度は椅子があるんです。例えば、おもいっきり単価を上げて、「今度のお店はちょっと高いです。ゆっくり食事をお楽しみください」というコンセプトならわかるんですが、相変わらず料理もワインもすごく安く提供していて、「あれ？ だったら立ち飲みの方がお客さんが入るのでは？」と思うんです。

さらに、もっと大型のお店も開店して、そちらのお店も順調で大繁盛しているようです。これはどうやら、色んな経営方針を考えては修正するような、常に考えているビジネスタイプの方なんだろうなと思い、そのあたりを中心に色々と聞いてみました。

飲食店で経験を重ねた20代

――飲食業に入るきっかけは？

高城　高校は進学校だったんですけど、三年の夏休みに付き合った子が年下のヤンキーですごく自由な子で、自分もやりたいことをしようかなと思って。小さい頃から料理やお菓子を作るのが好きだったので、辻調理師学校に入りました。

卒業後は東京のホテルでフレンチだと思って、舞浜の『シェラトン・グランデ・トーキョーベイ・ホテル』に入りました。勉強にはなったんですけど、街場に入りたいなと思って辞めました。

――それは将来独立したいなと考えてですか？

高城　そんな具体的なことではないのですが、全部を自分でできるようになりたいなと思って、21～24歳の時、有明の『アルポルト』に入りました。月に一回、二回しか休みがなくて朝は8時半から夜は11時までとすごく厳しくて、でも自分にはそれが良かったと思いますね。そこで全ての基礎は学べました。

アルポルトを辞めた後、イタリアに食べ歩きに行って、ローマで世界を周遊している外国客船のコックさんという日本人と知り合ったんです。その彼の話を聞くとすごく面白そうだったので、

1年間その外国客船に乗りました。あの時の経験は大きかったなって思います。あれがなかったら今の自分は違っただろうなって。

『世田谷バル』のオープン

高城 それで日本に帰ってきて知り合いの店で働いていて、27歳の時に『三鷹バル』に行ったんです。グラスワインが3種類で500円〜800円で出していて、料理は本格的で高くても700円とか800円だったんです。それを見て、僕だったらワインを500円均一で赤白20種類くらい集めて、料理は小皿料理で500円均一でやれるって店のイメージができたんです。

それで「ワインと言ったら世田谷区民だろ」と思って、世田谷代田から豪徳寺まで歩いて物件探して、あの物件を見つけました。4坪で4万円だったんです。

―― えええ！ そんなに安かったんですか？

高城 4万円だったら何とでもなるなって思って、決めました。そしたら、オーナーのお婆ちゃんに「ここは何が入っても潰れる。まだ若いからそんな失敗はしない方がいい、やめなさい」って言われたんです。それで後日、前菜盛り合わせの大皿を、大家さんと不動産屋さんに作って、事業計画書と一緒に持って行ったんです。そこの社長さんにも反対されたんですけど、そのお婆ちゃんが「気に入った。この人にやらせよう」って言ってくれて決まりました。

店は、今考えたら工務店に頼んだ方が簡単だったんですけど、当時は頼んだら高いと思って、電気と水道とガスは知り合いに頼んで、原付で成城の日曜大工センターに通って2～3週間かけて作りました。

――最初からうまくいきましたか？

高城　店があるのが、フリーライターや面白い方たちがたくさん住んでいる所で、雑誌なんかにたくさん紹介されてすごく流行りました。

ある時、0時過ぎくらいにお客さんが外でタバコを吸って話していて、それを向かいからお婆ちゃんが見ていて、これは怒られると思い、「すぐに閉めますから」って謝りに行ったんです。そしたら「0時なんてまだ宵の口じゃない。まだまだ頑張りなさい」って言ってくれて。お婆ちゃんとしては寂しかった商店街に人が増えて嬉しかったみたいなんです。

神泉●かしわビストロ バンバン

店内はテーブル席の他、目の前で料理を作る臨場感を楽しめるカウンター席も人気。
天井近くにはワインボトルをはじめ、ウイスキーのボトルがずらりと並んでいる。

新たな業態での店舗展開

――次の店はすぐ考えたんですか？

高城　3年後ですね。「今のバルスタイルに椅子があったら良いな」って思ったんです。

――それが不思議だったんです。逆の流れですよね。

高城　世田谷バルをやってる当時から思ってたんですが、椅子があると単価が上がるって思ったんです。

――単価は上がるけど回転率は落ちますよね。

高城　立ち飲みって意外と常連さんが1杯頼んで長居することがあって。でも、椅子があると食事もするし単価は跳ね上がるなって思いました。

――それは途中で気づいたんですか？

高城　そうですね。世田谷バルで、独立したいっていうお客さんが来たら、もう「絶対に立ち飲みはやるな！　どんな狭い店でも椅子を置いた方が単価は上がる」って言ってました。

――それでリゾットカレー（※1）を始めるわけですが。

高城　僕が世田谷バルを始める前にバイトで働いていたお店の先輩が、今のリゾットカレーに近

※1.ミシュランガイド東京2016、2017にも掲載されたこともあるオリジナルカレー。『かしわビストロ バンバン』と、同じく渋谷にある『RISOTTO CURRY STANDARD』で食べることができる。

いものを賄いで出してくれたんです。ランチで残ったチーズリゾットを電子レンジで温めてカレーをかけて。「うわ、美味しい!」って思って、「これはいつか使ってやる!」って思って(笑)。世田谷バルの近くの『バー・ラストチャンス』というバーが、年に一回、お遊びのカレー大会をやっているんです。それに出したら優勝して「これ受けるんだ!」って思いました。

1店舗目は炭水化物を出さなかったんですけど、2店舗目は飲んでもらって最後の〆でリゾットカレーを食べてもらうコンセプトでいこうと思いました。最初は渋谷なんて高いと思いましたが、渋谷駅がすぐ近くに見える物件で、8坪で共益費、税込みで15万円の物件があったんです。

――安〜い! 僕、近くでその4倍の金額の物件知ってますよ。

高城 安いですよね。それで決めました。

――最初からうまく行きましたか?

高城 おかげさまで。世田谷バルは知ってはいるけど縁があったら行こうかなってお客様が渋谷に来てくれて。当時僕を入れて二人で回して、客単価3千円で1日50人は来てました。あと、銀行にお金を借りるため資料を作ろうと思って、満席で入店を断った人数もカウントしました。平日1日で20人〜30人断ってましたね。

僕、人生で最初から「美味い!」って思ったのが二つなんです。それがリゾットカレーと地元のかしわ焼きです。「これは売れる」ってビビっと来るのがあれば、それは売れるのかなって思います。

―― 3店舗目はどうしたんですか？

高城 2店舗目の上に作りました。上の方が家賃高かったんですが、オーナーさんに勧められて。内装を含め1千万近くかかったんですが、作った直後に東横線のホームが移動して。僕も甘かったですね。

―― なるほど。

高城 悪くなかったんですけど経費がかかって、神泉で店をやるのが決まった時に、閉めました。でも閉めたら全てがうまく行き始めて、税理士さんにも「あの決断よかったね」って言われました。

あえてお通しを付けた4店舗目

―― 神泉って飲食店をやるのが難しいってよく言われてますが。

高城 僕ずっと痛風なんです。お医者さんから「ビールをやめろ。ハイボールを飲め」って言われて飲んでみたら「美味い！」って思って。そういえば営業が来てたと思って電話して原価を聞いたら、安くてびっくりして。地元のかしわ焼き（※2）にハイボールが合うのも気がついたんです。地鶏が高くて、原価率40％近くいくので、それをドリンクで相殺していくっていう感じです。

―― 神泉の店で初めてお通しを始めましたが、これも逆向きで、お通しって嫌いな人多いですよね。

高城 僕も嫌いですけどね。銀座の飲食店に行った時に、柚子ドレッシングのかかったシラスのサラダが出てきて、「美味しい！」って思って。この味が嫌いな日本人いないなと思って出し始めました。あと、これをお通しで出すとメニューにサラダを用意する必要がないんです。サラダはどうしても葉物のロスが大きくて。でもこれを出しておけば「サラダいらないね」ってなって、お客さんもうちも嬉しいんです。

―― そんなカラクリがあったんですね。次は福岡に姉妹店をオープンするそうですが。

高城 福岡はインバウンドで景気が良いし、若い人の可処分所得が高いんです。家賃が安いしみんな自転車の圏内に住んでいて、深夜の需要がある。若い人が飲みに行くことが多くて、街もすごく元気があるんです。スタッフも半年ごとに東京と福岡をシャッフルしたいと思っています。お互い刺激になりますしね。

―― どうして大きい箱はやらないんですか？

※2.「かしわ」とは鶏のこと。かしわ焼きとは、赤味噌ダレで鶏肉を焼き上げた料理。高城さんの地元、滋賀県高島市で親しまれているそう。

高城　基本的に早く回収をしたいんです。2、3年で返したいんです。僕は一業態で10年続かないって思ってまして。3年～5年でピークを迎えて、その後ゆっくり下がっていくって思ってるんです。いかに下がらないようにするかも必要なんですけど、しょうがない部分もあるので、そうなる前に早めに回収したいって気持ちがあるんです。

数年先の着地点を見据える

――自分の感覚がいつか時代遅れになるっていう不安はありませんか？

高城　ないですねえ。例えば、僕はインスタグラムのハッシュタグを活用してます。流行っているお店や盛りつけ方なんかをチェックして、気になるお店はRetty《レッティ》で確認します。そして良さそうだったら実際に行ってみます。

――最後に、これからお店をやりたい人に何か一言お願いします。

高城　3年後、5年後の着地点を想像するのをお勧めしますね。お店を開きたいっていうのが先にあってガムシャラになるんですけど、3年後、5年後にはどうなっているかっていうのをロジックでイメージした方がいいと思います。

今は情報がすごく早いんです。10年、20年前ならずっと続いたお店が今はもうもたないんです。インターネットのおかげで良い噂も悪い噂もあっという間に伝わるし、お互いどんどんパクりあうし。特に東京はそうなので、これから東京でやる人は大変なんじゃないかな。地方にチャンスがありますよ。

取材を終えて…

高城さん、すごく饒舌な方で、喋っていると「頭の回転の早い方だなあ」という印象でした。たぶん飲食業じゃなくてもどんな業界でも成功するタイプの人だなと感じました。高城さんと何かビジネスを始めたい人、これからたくさん増えそうですね。

でも、立ち飲みより椅子がある方が売り上げが良くなるというお話は驚きでした。僕たちはどうしても立ち飲みの方が回転率が良い、椅子があるとずっとお喋りして長居されるということを考えがちですが、さすがずっと現場で立っているからでしょう、立ち飲みだと1杯だけで料理も注文せずにずっと長居してしまう方が出てしまうんですね。こういうのは現場で感じないとわからないですね。

あと、「お店を閉める」「東京以外でもお店を考える」という決断力もすごいです。普通、赤字じゃない限り、お店ってどうしても愛着があるから閉められないんです。初期投資もかかっていますしね。それをあっさり閉めたり、次の立地を考えるという視野や視点がすごいですね。高城さん、これからどこに行くのでしょうか。是非、高城さんのお店に触れてみてください。

提供メニュー（一部）

◎バンバンオリジナルポテトサラダ…480円
◎地鶏近江黒鶏かしわ焼き（たれ・塩・アボカド）…880円
◎リゾットカレー…880円
◎バンバンオリジナル超炭酸レモンサワー
…ジョッキ500円、大ジョッキ+250円
◎グラススパークリングワイン…580円
◎グラスワイン…500円～
◎ハーフデキャンタ…1250円～
◎ボトル…2500円～
※価格はすべて税抜

開業データ

開業年月日：2008年4月4日
開業投資額：140万円
物件取得費：20万円
内外装費：50万円
厨房機器・什器備品費：70万円

かしわビストロ バンバン

☎03-6416-4645 ｜ 神泉

住所：東京都渋谷区神泉町2-8／営業時間：月～木曜18時～24時（L.O. 23時）、金曜18時～25時（L.O. 24時）、土曜17時～24時（L.O. 23時）、日曜・祝日17時～23時30分（L.O. 22時30分）／坪数・席数：店内15坪+テラス2坪・42席

酒場の成功店

12

マリアージュで、台湾料理を進化させる

千歳烏山◉天天厨房

謝 天傑さん

台湾・高雄の調理師学校で台湾料理と中華料理を勉強。その後、国内でのレストラン勤務を経て、2004年に来日。日本語学校へ通いながら誠心調理師学校で和食を学び、2013年に千歳烏山に『天天厨房』をオープン。和食と台湾料理の良さを融合した料理を提供しており、台湾料理に日本酒とワインを合わせるマリアージュも提案している。

中華料理がとても好きで、中華街で色んなお店を試したり、雑誌やテレビに出ているシェフのお店に行ったりもしましたが、「これ！」というお店にはあまり出会えませんでした。ある日、妻が「千歳烏山にすごく美味しいお店を発見した！」と言うので、二人で行ってみました。

台湾出身のシェフが調理しているのを眺められるカウンターに座って、面白そうな料理をいくつか注文しました。すると、そのシェフが「料理に合うお酒を選んでくれる」と言うんです。「これは！」と思い、妻は日本酒、僕は紹興酒をそれぞれの料理に合わせてもらいました。紹興酒はもちろん台湾料理に合うのですが、意外や意外、日本酒がとても台湾料理に合うんです。

そして料理もアイデアがいっぱい詰まった面白い料理ばかりです。パクチーをたくさん使ったもの、台湾だけにしかない調味料を隠し味に使ったもの。とにかくどれを食べても「味に驚き」があるし、それがまた全部、日本酒に合うという面白さがあります。

さらに、この台湾出身のシェフ謝さんの、笑顔と接客の真摯なスタイルが素敵で、あっという間にお店のファンになってしまいました。でも、こういうお店、青山や麻布でやった方が成功しそうだし、どういう経緯でこの場所、このスタイルになったのか、伺ってみました。

――飲食業をやろうと思ったきっかけはなんですか？

謝　最初に料理の世界に飛び込んでみようと思ったのは小学生の頃です。父がとても料理上手だったので、それを見て育ち、気づいたら僕自身も料理にとても興味を持っていました。中学を卒業後、両親に負担をかけないために学費の安い公立の、しかもあまり興味のない機械の修理学校に入学しました。

でも卒業後、やっぱり料理の道に進みたいと強く思い、猛勉強して台湾で唯一の料理専門大学「國立高雄餐旅大學（こくりつたかおさんりょだいがく）」に入学することができました。当時の僕にとってはとてもハードルが高く、まさか自分が合格できるとは到底思っていませんでした。

――卒業後はどうされましたか？

謝　地元に帰りましたが、当時は料理経験がなかったので、まずはがむしゃらに様々なジャンルのレストランで経験を積みました。そして、台北のデパ地下で運命の人に出会いました。この人はとんかつ専門店をチェーン展開している人で、僕の経験を買ってくれて、店長として運営を任せてもらえることになりました。当時22歳で店長になった僕は有頂天でした（笑）

しかし、ちょうどこの頃ＳＡＲＳ（サーズ）（※1）が流行り始め、飲食業界は大打撃を受けました。お客様が激減し、途方に暮れる日もありましたが、これまでの経験を活かし、数多くある店舗の

※1. 2002年に中国で発生したとされる感染症。当時、アジア各国を中心に感染が拡大した。

中で唯一売り上げを維持できた店舗となり、オーナーにも評価され自分自身に自信を持つことができました。

日本語を学びながら、和食も学ぶ

謝　しばらくして地元に帰って、洋食のお店で店長をしたんですが、その後、日本に行きました。実は僕が4歳の頃に両親が離婚して、母親は日本に住んでいたんです。それで母に、「日本に来ない？」と誘われて。当時国内には素敵な飲食店はあまりなかったし、子供の頃「将太の寿司」という漫画を読んでカッコいいなと思っていたので、チャンスだと思い行きました。

――　実際行ってみてどうでした？

謝　現実はちょっと違って、まず言葉の壁がありました。その時24歳で全く日本語がわからず、まずは日本語学校に入りました。それでアルバイトを探そうとタウンワークを見て電話をかけたんですが、「こんにちは！」しか話せませんでした。結局電話はあきらめて1店1店履歴書を持って、無理やり「募集してませんか？」と尋ねて行く作戦に出ました。

――　中国人が経営する店に行こうと思わなかったんですか？

謝　それは思わなかったです。せっかく日本に来ているんだから、日本人が働いている環境でやりたかったんです。中華じゃなくて、和食がやりたかったから。それで入れたのが、大きな居酒屋チェーンのお店でした。料理は、見て盗みました。厨房で料理人が作っているのを見て、真似して。それを上の人に認められて、そこで自信を取り戻しました。その店で働きながら日本語学校に1年半通い、その後、調理師学校に入りました。

——すごいですね。その時いくつだったんですか？

謝　26歳ですね。ビザの問題があって、進学しないと一旦帰らなくてはいけないから、調理師学校に入って日本料理を専攻しました。

割烹からパクチーハウスまで

謝　その頃、学校に通いながら紹介してもらった赤坂の割烹料理屋で働いていました。親父さんと僕の二人だけでやっていて、コースが1万円からという店でした。赤坂見附に近い店で、地下にあるんですが店の中にガラス張りの庭があるんです。それで、出勤するとまず庭に水やるんですが、なんで水やるんだろうって思いました（笑）。入口の盛り塩も意味がわからなくて、なん

「割包グァパゥー トロトロ角煮の蒸しパン挟み」490円は蒸しパンに角煮、ザーサイ、香菜、ピーナッツなどを入れたもの。中には台湾で作ったという金柑のソースがついていて、さわやかな味わい。

で塩を置くんですか？　と。

――そこで料理は覚えましたか？

謝　主にサポートでした。親父さんは60歳くらいだったんですが、すごく厳しくて。よく叩かれましたね。

当時、調理学校を卒業する時に、普通、学校が就職先を探してくれる保証があったんですが、自分は外国人だからその保証がなくて、しかもビザもなかったんです。そしたら親父さんが青森県・八戸にあるお店を紹介してくれて、夏休みの2ヶ月ぐらいその店で働きました。そこでの評価が良くて、卒業した後に今度は熱海のお店を紹介してもらったんです。

――親父さんいい人だったんですね。

謝　そうですね。でも、その熱海のお店がすっごい大変で。割烹旅館で、従業員は全員日本人。朝食も出しているので朝6時から夜中まで働いて、寮に入っていたんですが上下関係が厳しくて入社1ヶ月ぐらいで辞めたいと思いました。それでもくじけずに頑張り続けた結果、今の僕を作ったと言っても過言ではない先輩とも出逢うことができました。

――その後、日本人の奥様とご結婚されたんですか？

謝　そうですね。その後は割烹旅館を辞め、色々あってパクチーハウスで働き始めました。僕が入った時、あまりお店がうまくまわってなくて、オーナーにスタッフを変えることや設備を変えることを提案しました。その後、店の売り上げを増大させて、初めて飲食業が楽しいって思いました。ただ、一生懸命やっていたんですけど、なかなか自分の将来が見えなくて。それで独立して、台湾料理店をやろうと思ったんです。

台湾料理を伝える難しさ

――日本人に台湾料理ってわかってもらえていますか？

謝 わかってもらえないですね。台湾料理と中華料理は何が違うんですかって聞かれたら、調味料の違いなどは言えるんです。でも、その違いって何回か食べて、やっと「あ、ここが違う」ってわかる感じなんです。

――台湾人でもわからないってことですか？

謝 台湾人はうちの料理を食べると「懐かしい」って言いますね。「台湾の味だ」って。

僕は新しい料理も作るのですが、必ずどこかに台湾の要素を加えているんです。見えないところに台湾の醤油とか、台湾の豆鼓（トウチ）（※2）とか使っていて。あと台湾の田舎に行って、

※2. 黒豆に塩を加えて発酵させたもの。

田舎の調味料を探してくるんです。台湾料理ってビーフンとか屋台料理っていう固定観念を持ってる方が多いから難しいですね。ここは住宅街だからお客さんは知っているものしか食べないので、チンジャオロースや麻婆豆腐とかも出しています。でも、それにも台湾の要素は入れています。逆に遠くから来てくれるお客さんは台湾料理を食べたいと来てくれる人が多いんですが。

――どうしてこの場所にしたんですか?

謝 10坪以下で、外が見える物件でと思って。

――青山とか赤坂でやった方が、謝さんのやりたいことは表現しやすいですよね。

謝 パクチーハウスで働いた経験から、話題になれば遠くからでも来てくれると思って。美味しいという本質的なことを追求すれば来てくれると思ったんですが、4年間やって場所って大事だったなって思います。でも、今は地元の人も支えてくれますし、面白いですよ。休日は6割が遠方から来てくれていますね。

日本酒とのマリアージュ

――台湾料理に日本酒を合わせようと思ったのはどうしてですか?

謝　本を読んで和食はお酒と合わせて楽しむっていうのを知って、せっかく日本にいるんだから日本の要素も入れようって思って。ここ何年間か日本酒ブームがすごいですよね。正直、中華と日本酒を合わせるのってまだ早いかなって思ったのですが。

――そんなことないです。そこがすごく面白いです。ところで、中国人って食事の時にお酒を飲まないですよね。台湾人もそうですか？

謝　飲みません。お腹がいっぱいになってからお酒を飲もうかって感じです。だから、この店は料理にお酒を合わせる日本の割烹料理のイメージなんです。でも、みなさん食べるのがすごく早い。最初はつきだしで前菜を出していて、お酒は全部500円のバルのイメージだったんですが、その前菜をお客さんが秒殺で食べてしまうんです（笑）。それで料理を変えて、バルの感じをマリアージュの方向に変えようと思いました。お酒の知識や、作り手の説明も必要で大変ですが、今はレベルアップして色々と提案できるようになりました。

――普通は紹興酒を合わせるんですよね。紹興酒って中国人や台湾人は飲むんですか？

謝　実は紹興酒ってポピュラーじゃないんです。台湾だとビールかウイスキーで、お酒を出していないお店もあります。屋台でビールを飲んでると変な顔をされますね。なので、この店は本当に独自のスタイルですね。

――確か沖縄の人も食事を終わってからお酒を飲みに行くんですよね。

謝 沖縄と台湾と近いですから、関係ありそうですね。豚を頭から食べますから。

――コラボとかレシピ本とかは興味ありますか?

謝 ありますね。でも今はスタッフがいないから難しいです。

――2店舗目を作るとしたらどんなお店にしますか?

謝 台湾の屋台料理をやりたいですね。メニューが1種類だけの専門店でシンプルなお店。日本のクラフトビールを出すっていうのをプロデュースしたいです。そういうお店はコピーできるので。

――ここの借金は終わりましたか?

謝 今年に終わります。内装に750万円と保証金に200万円で、開店に950万円かかりました。スケルトンの物件だったので。

――じゃあ返済が終わったら次のお店をやれますね。

謝 どっちかというと、この店を改装したいですね。ここで色々と実験して、毎日の売り上げを安定させたいです。フレンチとかワインのコラボもやってみたいですね。

謝さん、一番好きな日本料理は「鍋」だそうです。シンプルで素材の味が味わえるのが好きなんだとか。とにかく料理が好きで、食材を見て頭の中で組み立てて色々と試すそうで、最近は面白い料理人が多いから刺激になるとのことでした。謝さんの料理、日本を、そして世界を変えそうですね。

取材を終えて…

謝さん、すごく苦労された方なんですね。実はお店に伺った時、「料理への造詣が深い方だなあ」と感じたんですが、台湾唯一の料理の専門大学で勉強して、基礎が確立されているんですね。

何のコネもなく突然日本に来るって、ちょっと想像してみてください。さらに日本語は全然できないんですよ。まずは中華料理店でバイトを始めれば良いのに、最初から「和食」をやりたかったんですね。一店、一店、「こんにちは。雇ってもらえませんか?」とお店をノックする方式に出てます。いや、ほんと苦労したと思いますよね。そういうの、全然へこたれないんでしょう。

赤坂の割烹で修業した話もすごく良いんです。謝さん、和食や日本人の習慣のことも色々と興味を持って愛してくれています。このインタビューも僕、泣いちゃいました。飲食店の現場って大変なこともあるけど、良い大人がたくさんいて、みんな「美味しいものを作りたい」と思っているんです。

お店を始める時、台湾料理にこだわったのも謝さんらしい発想です。日本で長く生活して働いて、そこに行き着いたんでしょう。謝さんの料理と日本酒のマリアージュ、試してみてください。

提供メニュー(一部)

◎本日厳選前菜5種盛り…1500円
◎割包…950円
◎ルーロウ飯…590円
◎紹興酒(グラス)…500円〜
◎ワイン・焼酎・日本酒…500円〜
※価格はすべて税抜

開業データ

開業年月日:2013年10月10日
開業投資額:950万円
物件取得費:150万円
内外装費・厨房機器:750万円
什器備品費:50万円
運転資金:100万円

天天厨房

☎03-6754-6893 | 千歳烏山

住所:東京都世田谷区粕谷4-18-7/営業時間:月〜金曜18時〜24時(L.O. 22時)、土曜18時〜24時(L.O. 22時)/定休日:水曜日、その他不定休/坪数・席数:8.9坪・14席/客単価:6000円〜7000円

酒場の成功店

13

日々の喜びを積み重ね、モチベーションにする

久我山◉ハナイグチ

今村崇司さん

大学卒業後、大手家具屋に就職し、インテリア業に従事。その後、カフェ従業員だった奥様と出会い、飲食店開業を決意。2014年6月に、夫婦二人で『ハナイグチ』をオープン。季節の食材を使った料理や、店名にも由来するキノコ料理とともに、ワインと日本酒が楽しめる。久我山の地域住民を中心に愛されている人気店。

休日の夕方になると、いつも妻と二人で行きたくなるお店があります。井の頭線の久我山駅にある『ハナイグチ』さんというお店です。飲食店を経営している者にとして、「どうして休日の夕方になると、いつもハナイグチさんに行きたくなってしまうんだろう」と考えてしまいます。

理由はハナイグチさんがレストランでもない、カフェでもない、居酒屋でもない、新しいスタイルの街の飲食店だからだと思います。

レストランの緊張した雰囲気や、居酒屋のがやがやした空気、カフェの読書ができるような空間も好きなのですが、やっぱり休日の夕方は、落ち着いた場所で、落ち着いた人たちの中で、美味しいサラダや、凝ったお料理をおつまみに、軽くワインを飲みたいという気持ちになるんです。ハナイグチさんは、内装もすごく雰囲気があって、BGMもとてもセンスが良いんです。

通っている自分としては「カフェをやろうと思わなかったのか?」「青山や中目黒のような場所でやろうと思わなかったのか?」といった疑問がたくさん出てきます。また時々、「ワインバル」スタイルのイベントを開催していて、その日、参加した妻によると大繁盛だったようです。本当は「ワインバル」の方がもっと儲かるのではと感じます。そのあたりも聞いてみました。

――最初から飲食業をされていたわけではないんですよね。

今村　元々インテリアの仕事していました。大学を卒業した後、「衣食住」の中から「住」に関した仕事をと考えて、大手家具屋に就職しました。最初はトラックに乗って家具を配送する仕事から始めました。

その後、販売の方に移ったのですが、当時、本部で「お洒落なインテリアショップを作る」ということで社内から人が集められて、僕もそこに呼ばれたんですね。それで、そういう店舗ができたのですが、開店して2、3ヶ月で閉めるということになって、その時の店長が規模を縮小して買い取るということになったんです。それが三鷹『デイリーズ』という店舗なのですが、今は順調に店舗を増やしていますね。そこが家具や雑貨の販売部門と併設して、飲食部門のカフェがあったんです。カフェでかかるBGMの音楽も扱って、コーヒーもお食事も楽しめるというお店ですね。

――そちらで飲食業を体験されたんですか？

今村　いえ、家具担当でした。

――そのカフェでは働かなかったんですね。ということは飲食店で最初に働いたのは？

今村　ここ（ハナイグチ）なんです。

――え？ 飲食業はここが初めてなんですか？

今村 ファストフードでアルバイトをやったことはありますが、こういう飲食業はこの店が初めてです。

――それではこのお店を始めたきっかけは？

今村 妻と出会ったことですね。なれそめって言うのかな（と恥ずかしそうに言う）、共通の知人の家にたまたま呼ばれてご飯を食べてそこで会いました。妻は、吉祥寺の『カフェ・アマル』（現在は閉店）というお店で働いていたんですね。僕はそのカフェも知らなかったのですが、僕が前職の店で妻のことを接客したらしいんです。そういう偶然もあり、仲良くなりました。それで彼女はカフェのノウハウがあって、僕はインテリアのノウハウがある、となって。少し遡るんですが、自宅のマンションのリノベーションをしたんですね。まだリノベーションという言葉があまり世間になかった頃で、全部スケルトンにして自分たちで壁を塗ったりしたんです。その時、独立願望があったわけじゃないんですが、居抜きのお店の物件を探して、二人でお店を作ってみたらいいんじゃないかなって話したんです。

昼はカフェ、夜は居酒屋に

――なぜ久我山だったんですか？

今村　はじめは吉祥寺や西荻窪を考えました。西荻窪が一番出したかったんですが、自分たちの手持ちの資金を考えると現実味がなくて、ちょっと視野を広げてみて井の頭線を考えました。実は二人とも三鷹台に住んでたんですが、隣駅の久我山には降りたことなかったんです（笑）。でも、久我山に居抜きの物件が出たということで決めました。

　基本設計は友人であるインテリアデザイナーの方にお願いしました。仕上げの素材などはこちらで指定して最低限のところまで作ってもらい、私たち二人と友人たちの力を借りて1週間で仕上げました。

――家賃はいくらですか？

今村　管理費込みで19万6000円です。50平米ちょっとですから、17か18坪です。

――安いですね。でも、西荻で駅から少し離れたらこのくらいの金額でありますよね。

今村　はい。でも、知人に来てほしくて、駅から降りてすぐってというのがいいなって。あとは、三鷹台は三鷹バルさんがあって、富士見ヶ丘も繁盛しているお店があるから、「久我山でできな

上．ワインの他、奥様のご出身地である秋田を中心とした日本酒も用意している。　下．写真は「おひとりさまセット」1000円（税別）。一人で来店したお客のみが注文できる、ドリンク（ワイン・日本酒・スパークリングワインから1つ）とおつまみの盛り合わせがついたセット。おつまみは右上から時計周りに、「アンチョビと黒オリーブ入りポテトサラダ」「自家製ピクルス」「鴨ムネ肉とクリームチーズの味噌漬け」「キャロットラペ」。内容は日によって変わる。

いことはない」って単純に思いました。あと、飲食店が少なかったんです。今でこそチェーン店が増えましたが、オープン当初のお客様は「食べるところが少ない」とよく言ってました。

――カフェにしようと思わなかったんですか？　あるいは居酒屋にしようとは思わなかったんですか？

今村　気持ち的には昼はカフェで夜は居酒屋なんです。富士見ヶ丘のお店なんかも見て、昼は完全に近所のお母さんたちのランチだなって思ったので。そういうお店もないし、そういうカフェの雰囲気を出していこうと。夜は居酒屋とまではいかないけど「お酒に力を入れてるぞ」という雰囲気にしようかなと思いました。

――ランチはどうですか？　久我山はそんなに会社があるわけでもないですし。

今村　ランチは来ない日は5、6人の時もあるんですけど、昨日は30人来ましたね。

――うわあ、すごい。でもランチだとお母さんたち長居しますよね。

今村　はい（笑）。でも、そんなに回転させようと思ってないですし、そんなに数の用意もできてないので、十分かなと思います。毎日40人来るってわかっていれば、三人体制にして準備するのですが、常に大勢のお客様が来るわけでもないので、二人で10人の時も30人の時もあって、ならすって感じですね。

夜でも親子客を受け入れる

――ランチのお客さんが夜に来ることってありますか？

今村 ランチは夜に来ていただくための布石ってよく言われますけど、そこは課題です。それでも女子会みたいな形で使っていただいたり、昼一人で来て、夜にご家族を連れてきてくださることなんかは時々あります。

――子供を入れるのは最初から決めてたんですか？

今村 ランチでママさんを受け入れる以上はお子さまを入れなきゃダメって最初から思っていました。だから子供のイスを2脚置きました。

――お子さまを入れるデメリットとして、席だけ使うけど何も注文してくれないっていうのがあると思うのですが、どうですか？

今村 実際そういうことはありますが、それでもお子さまと一緒に来ていただくことを選択しました。夜にもお子さまと来ていただいて結構ですし、そのためにリンゴジュースを用意したりしています。

――ということは、夜に来ていただいたお客様は必ず一人ひとつはドリンクを頼んでいただくって決めているんですね。

今村　はい。赤ちゃんはいいですけど（笑）。中学生以上であれば何か一つは頼んでいただいています。でも、こちらから言わなくても必ず何かドリンクは頼んでいただけますね。「水」だけっていうのはまずないです。

――それは久我山っていう場所がいいんですよね。今ネットでしょっちゅう「水のお客様」で炎上してますからね。

今村　最初はドリンクを頼んでいただかなくても良かったんですけど、途中から一人ひとつは何かドリンクを、という形に変えました。

器とオリジナルグッズの販売

――器の販売スペースは客席にした方が売り上げが伸びると思ったのですが、やはりそこはこだわられてるんですか？

今村　未だに物品を販売するのが好きなんです。物品販売も飲食の提供も、同じサービスという面では基本的には大きな違いはないと考えています。それもネット販売ではなくお客様に手にとってもらい、ご自宅に持ち帰ったあともハナイグチの世界観を、器を通して感じてもらえたら、と思っています。時にはオリジナルの特注サイズをお受けすることもあります。

――オリジナルのトートバッグを作られてましたが、ああいうのって儲かりますか？

今村 トートバッグはそんなに利益が出たわけではないですが、まあ出ましたよ。何周年っていうので、いつも出していまして。前はオリジナル・ブレンドのコーヒーを作りました。

――オリジナルグッズをもっと作られる予定は？

今村 もちろん仕込みは必要ないし単価も高いので、やれたらいいのですが、今はそちらの方にまで手をまわせなくて。あと作家さんの器は立て続けに売れるとそんなに入荷してこないんです。でも、一度購入してリピートされる方もいらっしゃるので、商品入荷ごとにSNSでつぶやいたりして来店を促してます。

――店舗のプロデュースをやりたいとは思いますか？

今村 今はまだまだ磨きが足りないので難しいです。「このライトは？」「このテーブルってどこのですか」って質問されるのは大好きなので、今後落ち着いたら考えるかもしれないのですが、今はまだ考えられないですね。

積み重ねの喜びが嬉しい

—— 月に一回、バル営業をされていますよね。妻が行ったようで、お客さんがすごく入っていて、盛況だったと言っていたんですね。ランチをやめてバルにした方が売り上げは上がると思うのですが、どうですか？

今村 今のところ自分には今の雰囲気の方が合っているみたいです。ただ色んなお客様がいて、それぞれ会話を楽しんだり、時にはお客様同士でコミュニケーションする姿を見るのは好きなので、大きなテーブルや立ち飲みもできるカウンターを置いたんです。

久我山が盛り上がってほしいですね。久我山にわざわざ人が来てほしいです。雑貨屋さんとか個人の面白いお店ができて、久我山をめぐって回るようになってほしいです。

—— これから飲食業、飲食店をやりたい人に何か一言お願いします。

今村 飲食業は一番喜びがわかりやすいですよね。わざわざ来てくれるお客様のために自分たちがご飯を作って、喜んで食べてもらって、最後に「ありがとうございます」って送り出して、さらにまた来てもらうっていう積み重ねの喜びをモチベーションとして頑張ってほしいです。

久我山という小さい街に、わざわざお客さんが来てくれるお店。僕も休日になるとついついハナイグチさんに足が向いてしまうのでわかります。小さい街を盛り上げるお店、いいですね。

看板のイラストは吉祥寺在住のイラストレーター福田利之氏によるもの。白熊が手に赤いキノコを持っている。店名の「ハナイグチ」とはキノコの名前。今村さんは元々キノコ狩りが趣味なのだそう。

取材を終えて…

なるほど。元々、インテリアの仕事をずっとされていたんですね。納得です。お店は本当に居心地が良いんです。僕は家具のことは全然詳しくないのですが、ずっと居ても「落ち着かないなあ」とか、「隣の人が視界に入って気になるなあ」とか、そういうマイナスな部分が全くないんです。そちらが専門だったからこの居心地の良さは当然ですね。

びっくりしたのが、飲食業はハナイグチさんが初めてとのことです。僕は常々、お店をやりたいという若者に、「1年だけでも飲食店で働いてみた方が良いですよ」と必ず言ってきたんですが、すいません。「料理のセンスが良い人」はそういう回り道、必要ないのかもしれないですね。

あと、疑問だった「久我山にした理由」ですが、良い物件が見つかったからという納得の理由でした。僕たち飲食店経営者は、「どうしても銀座でお店を持ちたい」とか「〝食の街〟恵比寿で自分を試してみたい」とか思いがちですが、「物件は良い出会い」が一番ですよね。それで「久我山を盛り上げたい」と感じてらっしゃるって素敵です。これからお店をやってみたいって方、とても参考になるお店だと思いますよ。是非、久我山まで足を運んでみてください。

提供メニュー（一部）

【ランチ】

◎ハナイグチランチプレート…1000円

◎バゲットサンドプレート…1100円

【ディナー】

◎ピクルスとオリーブの盛り合わせ…350円

◎4種のきのこのアヒージョ…500円

◎パルマ産生ハムと3種のチーズの盛り合わせ…1000円

◎本日のお得ワイン…450円〜

※価格はすべて税抜

開業データ

開業年月日：2014年6月30日

開業投資額：750万円

物件取得費：92万円

内外装費：450万円

厨房機器・什器備品費：208万円

運転資金：150万円

ハナイグチ

☎03-5941-9226｜久我山

住所：東京都杉並区久我山4-2-5 2F／営業時間：11時30分〜14時30分(L.O. 14時)、18時〜23時(L.O. 22時30分)／定休日：火曜、第一・第三月曜／坪数・席数：16坪・24席／客単価：2000〜3000円

和食の成功店

14

寿司の可能性を探求し続ける

麻布十番◉鮓職人 秦野よしき

秦野芳樹さん

東京生まれ。幼少期から家庭科の教諭である母の影響から料理に興味を持ち、寿司職人を志す。白金台の『鮨匠 岡部』にて修業を重ね、その後は寿司のケータリング事業を独自に行う。弱冠28歳という年齢で麻布十番に『すし道(旧店名)』をオープン。2015年に自らの名前を入れた『鮓職人 秦野よしき』に改名。

bar bossaの開店当初からずっと通っていただいている常連のお客様がいまして、ある時「今度、奥さんと三人で寿司でもどうですか?」と誘ってくださいました。その方、広告代理店を経営していて、僕と同い年で、音楽の趣味は合うし、いつも「楽しい刺激」を与えてくれる方で、「彼がすすめるのなら面白いお寿司屋さんに違いない」と思い、彼と妻との三人で麻布十番の『鮓職人 秦野よしき』さんに伺ってみました。

お店の名前がそのままご本人の名前って、相当覚悟を決めて、「自分の味」を提供する自信があるのでしょう。名前って本当に「お店の意気込み」を表します。

そして出てきたお寿司です。イタリアンやフレンチの技法を取り入れ、時には熟成させた魚を使っています。出てくるお寿司、全てに驚きがあって、全てが美味しいので、「これはどういう意図ですか?」と素人まるだしで質問したら、全てに丁寧に答えてくださいます。ご用意してくれたシャンパーニュやワインも高価すぎず、お寿司にも合うバランスの良いもので、どんどん食事が進みました。

お寿司を握る途中で時々はさむ「ちょっとした冗談」もすごく面白いし、へりくだってもいないし、偉そうにもしていない。とてもフラットな印象で、これは秦野芳樹さんのファンもすごく多そうです。そのあたりも含め、色々と聞いてみました。

――飲食業をやろうと思ったきっかけは何ですか？

秦野　小さい頃、喘息で身体が弱く、母親が家庭科の教員だったので、無添加の食事を作ってくれていたんです。学校を休んだ時は一緒に料理を作ったりして、純粋に「料理は楽しい」と思ったのはその時が最初です。あと当時、「料理の鉄人」などのテレビ番組を見て、料理を作るのってカッコいいなと思っていました。

大学に入って色々と飲食店でバイトしたんですが、その時も寿司が一番カッコいいと思っていて、大学卒業後は半年間就職したんですけど、やっぱり寿司屋をやりたいと思い、『岡部』という寿司屋で働きました。

――そのお店に決めた理由は？

秦野　昔からの江戸前寿司をやっている『寿司幸本店』の流れがあるお店だったからです。26歳まで働きました。

――寿司って普通はどのくらいの修業が必要なんですか？　ホリエモンがそれに関して色々発言して話題になりましたが。

秦野　僕は1、2年で覚えられると思っています。もちろん、やる気にもよりますが。

――それって大将が教えてくれるものなんですか？

秦野　教えてもらえるような人になれるかどうかです。なぜ寿司屋の修業が10年かかると言われているかというと、昔は中学を卒業して寿司屋の修業に入った人が多かったんです。その子たちは大人の社会のことなんて何にもわからないので、寿司の技術以前に、人としての「いろは」を教えるのに時間がかかるわけです。そう考えると、仮に15歳で入って25歳で一人前になれるとしたら、そんなに修業期間が長いとは思いません。むしろ早いですよね。

――ご自身の修業は大変でしたか？

秦野　修業って親方に気に入られるかどうかが大事だと思うんです。当時、先輩には嫌われましたが、親方からは信頼されていたので、新しい仕事をふってもらえました。でも、先輩とのやり取りが大変でした。ただ、親方はそういう時に守ってくれる人だったので、「おまえは誰よりもやっている」ってみんなの前で言ってくれましたね。

ケータリングで人脈を築く

――魚の仕入れが難しいと思うのですが、それは前のお店の仕入先を引き継いだんですか？

秦野　色んなお店を食べ歩いて、自分で関係を作り上げました。他のお店へ食べ歩きに行くのは、今でも毎週やっています。

――『岡部』さんを辞めるタイミングは何だったんですか？

秦野　親方が心臓を悪くして営業を休みがちだったんです。でも、給料は出してもらっていて、それに申し訳なくなってしまって。だったら辞めようと思い、自分から言いました。

店を辞めたあとはケータリングを始めました。自分で魚を買ってきて、自宅でさばいて車に積んで現地に行く、ということをやっていました。

――そのお客さんはどうやって？

秦野　交流会などに行って、自分で「寿司のケータリングサービスをやります」という名刺を作って、配りまくりました。そこで「今度パーティーやるんだけど」と言われて行くと、だいたい20人〜25人が集まって、一人5、6000円になれば結構な金額になるんですよね。ケータリングサービスは毎日入るわけではないので、空いた日に自分で色々と研究もできます。ロスは少ないし、半分くらいは儲けなので、月に40万円くらいは稼いでました。当時は実家にいて、それを2、3年やりながらお金を貯めたって感じです。

――この物件はどうやって見つけたんですが？

秦野　それはこのケータリングの流れで。いつも行った先で「いつかお店がやりたいんです」と

取材時には、その日のおすすめを握ってもらった。手前から、車えび、金目鯛、こはだ、とり貝、かつお鯛。
とり貝はフレンチで行う下処理を施し、貝の臭みを抑え、食べると口の中で香りが広がる1品。

言っていたら、お客さんの一人がこのビルのオーナーさんで「物件があるからやってみない」と言ってくれて、600万円で始められたんです。

——え？　じゃあ麻布の土地勘もなく？

秦野　全く土地勘ないです。実家、調布ですし。

——あ、そうなんですね。てっきり麻布の感じが好きなんだと思っていました。じゃあ芸能人とかそういう感じが好きなわけじゃないんですね。

秦野　どっちかと言えば苦手な方です。六本木だったらやめていたと思うんですけど、麻布十番だと落ち着いているイメージがあったので。

——じゃあ今だと、どこでやりたいですか？　神楽坂とか恵比寿とか色々ありますが。

秦野　うーん、新島。

——わざわざ来てもらうってことですか？

秦野　僕はお寿司を食べるために、わざわざ地方に行っているんですけど、その行く行為も好きなんですよね。飛行機代を払ってでも、食べに行きたいって思わせたいですね。なので、僕は一回東京から離れたいという気持ちがあって。土日は地方で営業して、お客さんには高速船か飛行機で来てもらう。オーベルジュ的に、泊まれるところも寿司屋もあってっていうのが良いですね。

独自の仕込みで作る、新しい寿司

――ここ家賃はおいくらなんですか？

秦野 約15坪で45万円です。

――うわあ、やっぱり麻布十番は高いですね。でも、ここ場所がすごく良いですからね。銀座よりは安いんですかね。

秦野 銀座の2階、3階よりは高いですね。そういう意味では銀座でやるのとあまり変わらないですね。

――他に「もっと安いところないかな」って探さなかったんですか？

秦野 与えられたところでやろうかなって、そんなものなのかなって思いました。

――こちらのお寿司のコンセプトは何でしょうか。

秦野 新しい寿司と言いますか、時代も食べる魚も嗜好も変わってきているので、もっと違う仕込みがあっても良いんじゃないかなって思って、江戸前の仕込み方を習ったんですが、全部仕込みを見直しました。「そのお酢で良いのか？」「その塩で良いのか？」「もっと違う仕込み方があっても良いんじゃないか」と常に考えてやっています。イタリアンやフレンチを参考にして仕込みを行っているので、一見、見た目は同じ寿司でも食べると「こんな深みがあるんだ」と感じてもらえると思います。

――イタリアンやフレンチの技法は、どこかで教えてもらったんですか？

秦野 文献などで調べました。料理なら一通りわかるので、例えば「コンフィ」と書いてあるのを読むと、じゃあ油じゃなくてお湯だったら、出汁だったらどうなるのかなって感じで試してみています。もしやってみて美味しかったら、どうして美味しいのかをあとから科学的に考えます。例えば「タンパク質の温度は何度から固まるから美味しくなる」って感じで。そういうことがわかったら今度はそのギリギリの温度でやってみたりしています。

魚屋との関係づくり

――熟成って寿司ではよくある手法なんですか？

秦野 今、熟成、熟成ってよく言っていますが、本来、寿司は熟成のものなんです。昔は参勤交代の時に鯖寿司を東京まで持ってきたりしていましたから。冷蔵技術の発達や、流通経路も整備されて、冷蔵のネタケースが出てきて。回転寿司が流行してから、「これ釣りたてですよ」というところが出てきて。でも、さばきたてだから美味しいわけではないんですよ。今は熟成肉が流行って、「寿司の魚も熟成ですか」と言われるんですけど、本来寿司は熟成だったので、流行を追ったわけではないです。

――魚は築地から仕入れているんですか？

秦野 築地も地方もどちらもあります。今は魚屋を4店使っています。魚屋は、美味しい寿司屋に通い詰めて、店主と仲良くなって、仕入先などを聞ける状態になってから教えてもらったりしました。

――ある和食屋で、より良い魚屋になってもらうために、仕入れたものに対して「こんなのじゃダメだ」と伝えるのが一番だと聞いたんですが、本当ですか？

秦野 そうです。向こうは魚のプロですが、寿司になった状態は知らないので、寿司の魚はどういうものなのかっていうのをこちらがしっかり伝えるのが義務ですね。

――もし別の寿司屋で「こんな魚がこんな値段で手に入るんだ」と知ったらどうしますか？

秦野 うちが付き合っている魚屋に「他の店でこういうのがあったんだけど」と伝えて、探してもらいます。そこで僕が別ルートから仕入れるより、そういう情報を伝えて、信頼関係を築いていった方が良いですから。

今日より明日、美味しい寿司を

――原価ってどのくらいなんですか？

秦野　うちは原価は55％ですね。

――高い！

秦野　売上は月に7～800万はいくから、100万は残りますよ。でも、開店して1、2年は全然ダメでした。お客さんがゼロの日もありましたし。

今考えると、当時の自分の寿司ってそんなに美味しくなかったと思います。今の方がもっと美味しいですよ。私は常に「より美味しい寿司」を志していて、今日よりも明日の方が美味しい寿司が作れると思っています。10年後にはもっともっと美味しい、今とは違った寿司になっていると思いますね。

――今後はやっぱりミシュランの星をとりたいですか？

秦野　とりたいですね。今後は2軒目というより、移転してもっと大きいお店をやりたいですね。いずれは海外6ヶ国でやってみたいです。秦野よしきをブランド化して、監修とかコラボとかなんでもやってみたいですよ。

――最後にこれから飲食店をやってみたい人に何か一言いただけますか。

秦野 飲食をやるなら寿司職人が良いです。寿司職人になれば、今は海外にも出ていけますから。

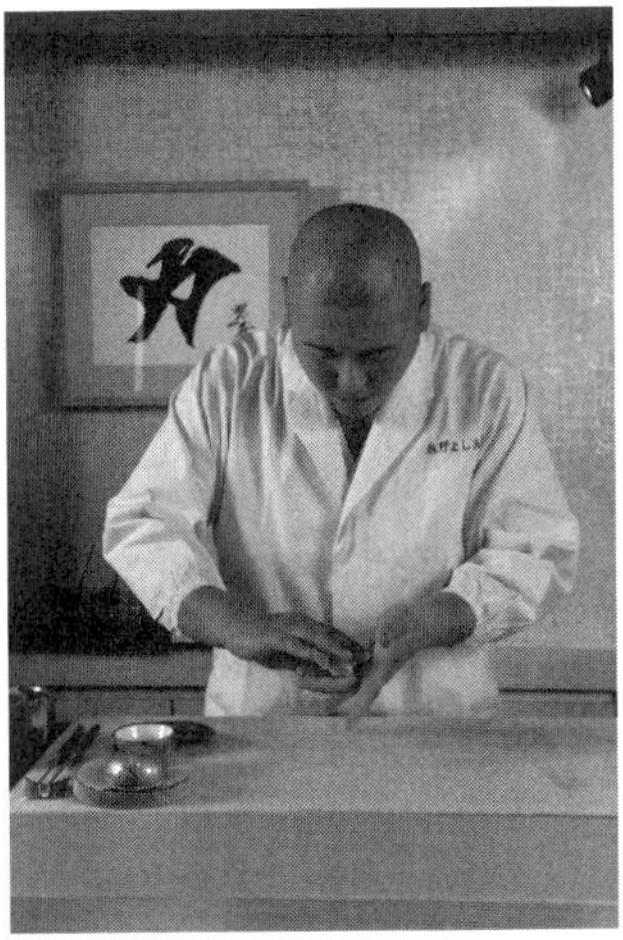

寿司を握る秦野氏。シャリに使う酢は全国を食べ歩いた際、「赤酢」は魚の臭みを取り、米の甘味には「白酢」が合うと気づき、両者をブレンドしたものを使っている。

取材を終えて…

この本に登場する方で、「大学在学中に飲食店でバイトをして、その後、就職をしたけど、やっぱり飲食業がやりたくて」というパターンが多いですが、秦野さんもそうなんですね。僕も大学を中退して、色々な職業を経た後、「バーテンダー修業」を経験したので、秦野さんの「寿司屋での修業」の大変さ、よくわかります。いやほんと、そのお店や先輩、師匠にもよるんです。僕は良い師匠に出会えたので幸運でしたが、秦野さんも幸運でしたね。これを読んでいる方、「師匠選び、お店選び」は重要です。無理そうならすぐにお店を変えることをオススメいたします。

そして秦野さんならではの「料理人の姿勢」ですが、毎週のように有名なお寿司屋さんに食べに行っているそうなんです。そしてその場で「この魚は?」という感じで教えてもらうそうです。これ、秦野さん、簡単に言っていますが、すごく難しいんです。これが秦野さんのお寿司を常に前進させている原動力だと思います。そして「今日よりも明日の方が自分の寿司は美味しくなっている」。この言葉が全てですね。実は飲食店で働いている全ての人が「こう考えるべき」なのに、忘れてしまっています。僕もこの言葉を胸に頑張りたいです。是非、そんな秦野さんのお寿司、食べてみてください。

開業データ

開業年月日：2012年9月1日
開業投資額：1800万円
物件取得費：600万円
内外装費：600万円
厨房機器・什器備品費：600万円
運転資金：100万円

※現在は移転し、
「麻布十番 秦野よしき」として営業中。

麻布十番 秦野よしき

住所：東京都麻布十番2-8-6 ラベイユ麻布十番 地下2階／電話番号：050-3196-8996／営業時間：完全2部制 18時～、20時30分～／定休日：日曜日／坪数・席数：34坪・メインカウンター8席、個室カウンター4席／客単価：30,000～40,000円

和食の成功店

15

経験とスキルアップを繰り返して進化

豪徳寺◉あめこや

上田善宗さん

専門学校を卒業後、大学に通いながらカフェや和食などの飲食店で経験を積む。その後、20代で蕎麦修業をスタートし、2006年、豪徳寺に蕎麦店『あめこや』をオープンさせた。全国各地の蕎麦の実を使った手打ちの十割そばと、旬の食材を使った多彩なつまみや料理も魅力だ。土日には予約をしなければ入れないほどの人気となっている。

「蕎麦屋」って実はめったに潰れないんです。あなたもそう思いませんか？　どの街にも昔からやっている蕎麦屋さんって必ずありますよね。決してメディアでよく紹介されるわけではありません。正直、地味な存在です。でも、ラーメン屋やカフェやパスタ屋などは、話題になったかと思えばすぐ潰れたりするのに、蕎麦屋って潰れないですよね。やっぱり「もり蕎麦」や「かき揚げ天蕎麦」をさっと食べてさっと帰る、食事処としても使えるし、卵焼きや板わさをつまみに日本酒で居酒屋のようにも使えるという「自由度」があるからなのでしょうか。

最近は個人的に蕎麦屋が好きで、気になって都内の老舗の蕎麦屋から新しいスタイルの蕎麦屋まで色々と回っているのですが、「この蕎麦屋のご主人にお話を聞きたい」という『あめこや』さんに出会ってしまいました。

ワインや日本酒の品ぞろえも面白いし、おつまみも何をいただいても驚きがあって充実しています。店内の内装も気取らずちょっとカフェ風でもあり、僕くらいの年齢の男性でも、若い人でも、結構年輩の方でも落ち着ける雰囲気です。こんな良いお店を作るにはどんな修業をされたんだろう。世田谷の街の蕎麦屋さんにしてはちょっと高い設定だし、お客さんはどんな感じなんだろうと思い、そのあたりを聞いてみました。

――飲食業はいつ頃からやろうと思いましたか？

上田 小さい頃から料理を作るのが好きで、あと今はもう廃業しているんですけど、実家が福島の造り酒屋だったんです。そういう環境に恩返ししたい気持ちもありました。

日本酒って今でこそこんなに流行っていますけど、当時は斜陽産業だったので、親からは「好きなことをして良いよ」と言われていました。それで、東京の大学の経済学部に入ったんです。当時、部活の先輩で実家がうどん屋さんの人がいて、ある時連れて行ってもらった蕎麦屋の蕎麦が妙に美味しく感じられて、料理の道に進もうと思いました。親にはすごく反対されたんですが、大学は中退して料理の専門学校に入り直したんです。専門学校では今まで知らなかったフレンチとかも興味があって食べたんですけど、毎日は食べられないなと思いました。仕事として続けるなら和食だなと思ったんです。

――専門学校を卒業したあとは？

上田 ホテルに入って和食をやりました。ホテルって福利厚生がいいからみんなずっといるんですよ。自分としては色んなことを学びたいのに、上が抜けないから下がスキルアップしないんです。漠然と「自分の店をやりたい」と思っていたので、これでは時間がかかると思い、ちょっとしてから辞めました。その後、結局大学に入り直して、飲食店でバイトをしていたんです。そしたら専門学校の時に一緒だった女性の方がいて、その方のご主人が音楽番組「スペースシャワーTV」の社長さんで、下北沢に『スペースシャワー ブランチ』というカフェが出来るから働かないかって誘われたんです。

――スペースシャワーブランチですか。代々木上原『ル・キャバレ』の細越豊子さんも働いていましたよね。

上田 細越さんはスペースシャワーブランチ時代の上司なんです。自分はカフェのカの字も知らなかったので、そこで面白い人たちと知り合いました。みんな今は独立している人たちばっかりで、一緒にレコード屋に通ったりしていました。

その後、焼き鳥と鰻にワインに合わせるお店でバイトしていたんですが、上司に「おまえは料理に向いてるからもっとやった方が良い」と言われて、そこで初めて「自分って飲食に向いているのかな」と思い始めました。その後、下北で一緒に遊んでいた人から「カフェをやるから料理をやってくれないか」と言われ立ち上げを手伝ったんですけど、やっぱりまだ調理技術が足りないなと感じました。

ギャラリーで提供した蕎麦が話題に

上田　蕎麦の修業を始めたのは24、25歳くらいです。お店で最初から修業を始めるのはもう遅いかなと思いながら、吉祥寺の手打ち蕎麦『ほさか』に蕎麦の修業に入りました。

――24、25歳だと最後のチャンスですよね。でも、やっと始まった感じですね。どうでしたか？

上田　すぐには教えてくれないので、見ながら自主練してました。

――え？　自主練ですか。すごいですね。自宅ですか？

上田　吉祥寺の『A.K.Labo《エーケーラボ》』さんのギャラリーを借りてやっていました。その頃は色んなお店に勉強しに行っていましたね。例えば寿司屋であなごのさばき方を教えてもらったり。

――そういうのって突然行って、教えてもらえるものなんですか？

上田　知り合いだったので、教えてくれました。実は蕎麦屋の仕事はシンプルですぐに飽きちゃったんです。

――まあ蕎麦屋って基本的には天ぷらと蕎麦とつゆだけだからシンプルですよね。

上田　はい。それでお金を貯めるために大手チェーンの和食の飲食店に入りました。魚が不得意だったんで魚を覚えたいと思って入ったんですけど、すごく忙しいお店で教えてもらえる余裕も

上．定番料理の一つ、「蕎麦粉の春餅（チュンビン）」。春餅は中国の伝統料理の一つで、小麦粉を水で溶いたものを薄くのばして焼き、野菜や肉を巻いて食べるもの。あめこやでは、炒めた野菜とテンメンジャンを蕎麦粉のクレープで巻いて食べるスタイル。

なくて、ただお店の歯車になってしまったので、そこも辞めました。その後、荻窪の個人経営の居酒屋に入りました。そこはすごく暇で色々と教えてくれて、「今日は休むから、あとはおまえだけでやってみろ」って言われたりして、逆にすごく勉強になりました。同時に、カフェ・ギャラリーで料理を出すというのをやっていたんです。曜日ごとに担当が変わって提供する料理も変わるってやつで、タイ料理やオーガニック料理がある中で僕は蕎麦を出したんです。そしたら「蕎麦が食えるらしいぞ」ってなんかすごく流行っちゃって、それでなんとなく自信がつきました。

〝蕎麦はイマイチ〟と言われ一念発起

――それで独立ということですが、場所はどの辺を考えましたか？

上田　都心部もあったんですけど城南エリアですね。飲食プロデュースもしている不動産屋さんと色々見ていたら、経堂に良いところがあったんですが地下で、そしたら「地下はやめろ、カミさんとやるんだったら1階の明るい店でやった方が良い」って言うんです。それでたまたま豪徳寺にも物件が出たからって行って見たら良くて、申し込んだらここが通っちゃったんです。

――ここは何坪で家賃はおいくらですか？

上田　17坪で22万円です（２００６年創業当時）。駅から３分ってありますけど、まあ３分よりはかかりますよね。保証金は10ヶ月でした。

――内装はどうしましたか？

上田　以前は焼肉屋だったんですごく流行っていたそうなんですけど、煙の問題で大家さんと色々あってやめたみたいで。その後、個人事務所の人が何かをやろうとして内装を作りかけたんですが、そのまま逃げてしまったみたいで、色々と残ってた状態でした。内装はギャラリーカフェ時代のお客さんで内装業の方がいたのでやってもらいました。あまりお金はないから、工務店は通してなくてお金は大工さんだけの分って感じで。すごく安くしてもらいました。解体は自分たちでやって、木材は古材屋で買ってきました。この机もそうですね。板と足を買って取り付けて。

――内装はどのくらいかかりましたか？

上田　この内装だけだと３００万円くらいですね。

――厨房はどうしたんですか？

上田　厨房はリースで３００万だったんです。あと、焼肉屋のこともあって、上に大家さんが住んでいるから屋上まで煙突を出す条件でした。それだけで１００万かかりましたね。厨房を入れたら６００万くらいで、１０００万以内には収まっています。

――お店は最初からこの形態なんですか？

上田　最初は『神田 まつや』みたいな客単価2000円くらいでさっと食べて飲む、というのを考えていたんですけど、ある程度の立地とスタッフを抱えないと出来ないとわかって、これは無理だと思いました。最初は12時から23時までやっていたんですけど、蕎麦がなくなると営業が出来なくなるので、商品のクオリティを維持するために15時からの営業にしました。

当時、パン屋さんをやっている蕎麦好きなお客さんがいて、たまたまよその飲食店で飲む機会があったんですが、「おまえツマミはすごい良いんだけど、蕎麦がいまいちだよね」って言われて（苦笑）。

――それ、すごく腹立ちますね。

上田　でも、そう言われればそうだなと思いました。当時は製粉もやってなくて、蕎麦は及第点で良いのかなって思っていたんです。でも、そのパン屋さんは、「自分はパン一個作るのにこれだけこだわっている」と言っていて。毎日繰り返しのことだけどそこまでやらなきゃいけないんだなと感じて、そこから蕎麦にのめりこみましたね。

蕎麦の実の自家栽培にも挑戦

上田　素材も蕎麦の実から仕入れると、一年通してコンディションが違いますし、その年の作柄が如実に出るんです。その頃から自分で蕎麦も作ってみたいと思って、8年くらい前から自家栽培もしています。一つの素材にハマると「これはどうなんだろう?」って、他の素材も見直すことになって全体のクオリティが向上しました。

――上田さん、すごいですね。

上田　カミさんが妊娠して、人を一人入れることになって、メニューも見直すことにしました。夜のディナー営業ということにして単価を上げようと考えたんです。従業員からは「席料をもらった方が良いですよ」と言われて、一人300円いただくことにしました。

自分は、田舎（福島・浪江）に戻ろうと思っていたんです。でも、地震で帰るところがなくなっちゃったので、東京でやっていこうと思って。この店も田舎の親や親戚が来たときに食事を楽しめる空間にしたいと思ったんです。席も潰して広くしたんです。

上田さんの奥様　3・11の時、うちはずっと休まなかったんです。福島のことを心配してみんなうちに電話がかけてきていたので。お客さんも帰りに立ち寄ってくれていましたね。

60代〜80代がメインの客層に

上田　お店は始めてから売上はずっと右肩上がりです。

――すごいですね。客単価はどのくらいなんでしょうか?

上田　夜は6000円〜7000円くらいですね。60代〜80代が主要層なので舌が肥えていて少量高品質で良いんです。

――月商は?

上田　300万です。4、5年前にランチを始めて、カミさんに出てもらって、夜は従業員が一人います。

――すごく儲かってますね。

上田さんの奥様　でも、これを読んで「お店やろう」って思わない方が良いですよ(笑)。主人は家に帰らずに店で寝てますから(笑)。

――お店をやってみたいって人に何か一言いただけますか?

上田　お店を始めるにあたって、どういう方に来てもらいたいのかっていうのを決めた方が良いですね。東京は人がたくさんいるのでチョイスできると思います。もちろんセンスは磨かなきゃいけないですけどね。

上田さんの奥様　お店は続けるのは大変です。でも、色んな人に出会えるのが良いですね。あと、憧れの人が来てくれた時に同じ立場になれるのが良いです。

上田　そうですね。すごい人が来てもこっちは料理を作っていて、向こうはお客さんで立場が対等じゃないですか。それが良いですね。

取材を終えて…

上田さん、意外と随分と回り道をされた方だったんですね。若い頃からずっと蕎麦屋で修業して、一方で本格的な和食店でも修業して、というイメージだったのでびっくりしました。確かに、ワインの品ぞろえや器作家さんとのコラボなんかも、カフェや東京のストリートカルチャーを経験されてきたからこその内容なんですね。妙に納得しました。

あめこやさん、お料理や食材にすごくこだわられていて、何を食べても驚きがあって美味しいんです。これは、お店を開店されてからも日々技術を磨いて、意識を高いところで保っているからなんですね。いやあ、でも、パン屋のご主人に蕎麦の味を指摘されたのにはびっくりしました。僕が上田さんならそこで落ち込んで嫌になってしまったと思います。お客様は60代~80代が中心とのこと。舌が肥えている世田谷のその世代の人たちを常連にさせるってすごいことですよね。その方達に一度気に入っていただけたら、若い人のように移り気に他のお店へ行くことはないので、経営は安定しそうです。蕎麦屋って面白い可能性のある業種だなあと痛感しました。

開業データ

開業年月日：2006年9月
開業投資額：750万円
物件取得費：250万円
内外装費：300万円
厨房機器・什器備品費：200万円
（別途リース代あり）

あめこや

※2019年9月23日をもって閉店。上田さんは岡山・蒜山に移住し、蕎麦をはじめとする自然農法栽培に本格的に取り組む。

和食の成功店

16

退職後に開業する一つの理想のかたち

高井戸◉休日や

吉田達夫さん

児童書出版社に務めた後、60歳で早期退職。在職中は年に一度、大晦日の1日限定で開くそば店『みそか庵』を10年続けていた。退職後、2009年に自宅を改装し、奥様と土日のみに営業をする『休日や』をオープン。現在、月曜はそば教室を主宰し、火曜はカメラ教室として貸出し、木曜と金曜を仕込みにあてているという。

お蕎麦が好きで、蕎麦屋を色々と検索して調べていると、『休日や』という面白い名前の蕎麦屋を発見しました。ホームページを見ると、なんと「土日だけ営業しているお店」です。ホームページのデザインがとても可愛らしく、ギャラリーもされていて、ガレットもあるようで、「これは若い方がちょっとした趣味と実益を兼ねたお店なのかな」と思い、お店に伺ってみました。

土地勘がある場所なのですが、ちょっとわかりにくく、たどり着くと、あたりを一望できる高台のとても良い場所所でした。お店も「自宅を改装したんだろうな」という可愛い入口で、さっそく入ってみると、内装は木をたっぷり使ったナチュラルな造りで、厨房設備も本格的です。僕が行ったのは日曜日の15時頃だったのに、ほぼ満席で、「え？ これは趣味でやっている片手間のお店ではないんだ」と感じました。

注文を取りに来たのは60代くらいの上品な女性で、厨房の中も、僕が想像していた文化系の若者はいません。白髪の上品な男性が黙々とお蕎麦を茹でているのが見えます。

お蕎麦もザルではなく、可愛い白いお皿で、蕎麦粉のガレットもお蕎麦も、どれを食べてもすごく美味しいんです。ギャラリーも別室に用意されていて、そこもとても品が良い作品が並んでいるし、これはどういうお店なんだろうと疑問に思い、早速、お話を伺ってきました。

――前職はどういうお仕事をされていたんですか？

吉田　ある児童書出版社で編集部長をやっていました。

――お蕎麦はどういう経緯で興味を持たれたんですか？

吉田　私は愛媛県・松山の出身で西日本のうどん文化圏なので、東京に来てからお蕎麦のおいしさを知りました。それで、ある時、お蕎麦の打ち方を教えてくれる人がいたんです。「お腹の足しにならなくて名店で食べるとこんなに値段が高いものが、自分で打てればたっぷり食べられる」と思い習い始めたんです。

その後、私自身が講師となって蕎麦教室を始め、打ち方を教えていたのですが、だんだん蕎麦仲間が増えてきて、「お店屋さんごっこ」がやってみたくなったんです。それで自宅を使って、年末の大晦日1日だけ営業する蕎麦屋を始めたんです。

最初は酔狂で始めたのが、近所の方の口コミで年々お客さんが増えまして、1日だけの店に300人～400人のお客さんがいらっしゃってくれました。寒い中、外でずっと並んで下さって。それであまりにもお客さんが増えて手が回らなくなり、このままだといつかみなさんからお怒りを受けてしまうと思い、店を閉めました。

それで店をやめる頃に、「これだったら、退職したあとに自分一人だけで店をやればお客さんも少しだろうから、やっていけるだろう」と思い、店を始めることにしました。

――大晦日にやっていたお店はお蕎麦だけ出していたんですか?

吉田　食べ物はお蕎麦と少しの酒肴だけですが、日本酒の品ぞろえがすごかったんです。友人に日本酒ソムリエがいて、ここぞとばかりの品を集めてきて、それを原価に近い金額でお出ししていたので、お酒目当てのお客さんが多かったですね。

昼の12時から夜の12時までの営業で、私の友達も一緒に下で蕎麦を打っては上に持ってきて、というのを繰り返していました。総勢で50人~60人のスタッフがいて全員ボランティアで、収益は全部ユニセフへ寄付していました。50歳から60歳までの10年間のことです。

そして定年前の60歳で早期退職をしまして、1年準備期間を置いて、『休日や』をスタートしました。

妻と始めた、蕎麦カフェ

――このご自宅は最初からこういう外観だったんですか?

吉田　そうです。建物が好きで、この家は現代民家風というスタイルなんです。お客さんの多くは勘違いして「どこから移築したんですか?」と言われるのですが、古民家だった訳ではなく、実は新しいんです。

――こちらのメニュー構成はとても現代的で器も可愛いのですが、これは誰か若い方が入っているんですか? あるいはお二人でカフェなどを回って研究されたんですか?

吉田 スイーツは妻が担当しています。私は料理が好きでして、飲み物の中国茶からガレットから私が考えてやっています。カフェだから、蕎麦と蕎麦がきだけでは寂しいし、ガレットは蕎麦粉を使っているから、じゃあガレットをやろうと思いました。普通の丸い生地をパタンパタンと折って四角にしてハムと卵を乗せたものはつまらないなと思い、自分で新しい形を考えました。私は蕎麦屋をやっているつもりなんですが、妻はカフェをやっているつもりなんです(笑)。

――板わさや卵焼きがあるようなお蕎麦屋さんをやろうとは思わなかったんですか?

吉田 思わなかったですね。そうしたお店はすでにいっぱいあるじゃないですか。住宅街で修業なしで年をとってからの開業ですから、隙間のニッチなものでいいから、他にはない店にしようと思いました。

――開店した頃、集客が大変だったと思うのですが、僕がここに初めて来たとき、満席でびっくりしたのですが、どういう集客をされましたか?

上.「休日やのガレット(季節のサラダとスープ付)」1100円。蕎麦粉のガレットは塩味のほどよいスモークサーモンが入っている。くるくると巻いたガレットをカットし、断面も美しくみせた一品。　下. 吉田さんがデザイン、特注した『休日や』そば皿。底面の凹凸で水切りができ、箸で蕎麦の最後の一本をすくうのにも便利。

吉田　混んでましたか？　店の前が小学校で選挙の時は投票場になるので、選挙の投票日と運動会の時、あと桜が満開の時は忙しいですが、それ以外はそうでもないです。

集客としては、まずHPを作りました。あとは入口のブロンズの猫（置物）にショップカードを持たせて店頭配布。ああ、ポスティングはすごくしました。

――もっと人を雇って他の曜日も営業しようとは思われないですか？　自分は蕎麦を打つのに専念して、他の仕事は従業員の方にまかせて、たまにお店に顔を出すだけっていうのは思いませんか？

吉田　思わないですねえ（笑）。ぜーんぶ自分でやりたいんです。

手作りの内装、オリジナルの器

――内装が素晴らしいですが、おいくらくらいかかりましたか？

吉田　８００万円かかりました。基本の設計は私と妻で行いました。私、木工が好きで、この机もカウンターも囲炉裏テーブルなんかも私がやりました。漆喰《しっくい》なんかは出来ないので大工さんに任せましたが、床の市松塗装からほとんど自分でやりました。

木工が趣味で、「退職したら小さな木工工房をやりたいな」と思っていたので、木材を蓄えていたんです。それが途中から方向が変わったので、木材は店舗の方に使いました。外階段の板なんかも随分いい板なんですけど、踏み段に使ってしまって（笑）。

――話は戻ってしまうんですけど、なぜ児童書の仕事をされていたんですか？

吉田　子供が好きなのと美術が好きなので、どちらも関われるからです。絵は好きですね。自分でも描きます。手を動かすのが好きなんです。

――専用の蕎麦皿があると聞いたのですが。

吉田　カフェでお蕎麦を出すにあたってザルではなく、お皿で出したかったんです。でも、お皿だと蕎麦がペタッとくっついて最後の1本が取れず、水切れが悪いですよね。それで最後の1本が取れて水切れがいい凹凸のあるお皿をデザインしたんです。

お客さんで特許関係の事務所にいらっしゃる方に、「これは実用新案を取っておいた方が良いですよ」と言われたのですが、誰が使っても良いので、真似してくださって大丈夫です。全部で80枚作って、今、店で50枚使っているんですが、30枚は売れました。みなさんに面白がって買っていただいたんです。

ギャラリーや蕎麦教室も運営

――月の売上はおいくらくらいですか？

吉田　50万円です。1日5万円ちょっとで土日のみの営業ですから。飲食と別にギャラリーや蕎麦教室で入るお金も入れて。あと、火曜日は写真教室として貸したりしています。

――お店の収益などはあらかじめ計算して退職されたんですか？

吉田　いえいえ。相談する人もいなかったですから、退職金を投下して、それが10年で回収できたらいいなというくらいの気持ちで始めました。退職してからの60代の10年、やることがあって、忙しくて、お喋りも出来て、面白いですよ。

――ギャラリーに関しては、どうやって作家を集めているんですか？

吉田　2ヶ月単位で年に5～6人くらいの方が展示をします。半分か6割はこのお店のお客様や紹介で、「使いたい」という人。あとの3割か4割くらいは、こちらから見つけて、「やりませんか」と声をかけます。壁のスペースが少ないので、写真や絵画には向いていなくて、クラフト系の作家さんにお願いしています。

私も木工が好きだし、妻もテキスタイル系の作品を作っているので、自分たちの作品をいつか

お蕎麦には「もりそばの白(外皮を取った蕎麦の実を粗挽きの全粒粉にしたもの)」と「もりそばの黒」(外皮のついた蕎麦を丸ごと粗挽きにして、細打ちをしたもの)の2種類がある。ともに900円。二人で両方を注文すると、写真のように「相盛り」にもしてくれる。

展示したいなって言っていますが、忙しくてやれていません（笑）。

——吉田さんにとっての美味しいお蕎麦とは何ですか？

吉田　私が美味しいと思うお蕎麦は、粗挽き粉で、10割蕎麦で、水だけで加水して、細打ちにしたお蕎麦です。お蕎麦が好きな人はこの4つのことを聞くと、どのタイプのお蕎麦かイメージできると思います。

もう一つ思うのは、挽きたて、茹でたてが美味しいのは当然ですが、打ちたてではなくて1日、2日おいてから、甘みが増したお蕎麦も美味しいと思っているので、2日寝かせて提供しています。

人との新しい出会いが楽しい

——これから退職してお店をやってみたいという人に、何か一言いただけますか？

吉田　私は店をやって良かったな、と思っていまして、何が良かったかと言いますと、まず毎日やることがある。あと、年をとると友達や人付き合いが増えなくなるじゃないですか。新しい人と出会うのって難しいですが、店をやっていると向こうから人が来てくれますからね。そして小商いとは言え、お金を触っていられるのが嬉しいです。張り合いがあります。あと、土日に働いているとお金が使えなくなるので、倹約になりますね（笑）。

土日だけとは言え、風邪をひけなくなったし、怪我もできなくなり、緊張し始めました。小さいこだわりのお店で、行ったらお休み、ってことがあるじゃないですか。私、あれが嫌で。店を開く限り、定休日以外は休まないぞって決めたんです。そもそも土日しかやっていないのに、それを休んだらお客さんからあきれられると思うんです。この店の自慢ではないですが、10年やって臨時休業したのは、東日本大震災直後の計画停電、あの1日だけなんです。

――お店を始めてから変わったことはありますか？

吉田　店を始めてから行く店が変わりました。大きなチェーン店に行かなくなりました。夫婦でやっているお店や若い人が頑張ってやっているお店を探して行ったり、地元のお店に行こうと思うようになりました。若い人のお店を応援したいなと思うようになりましたね。

取材を終えて…

いわゆる「定年退職をして第2の人生で開店した蕎麦屋さん」だったんですね。実は僕、飲食店開業のような本を出しているので、たまに「退職したらバーをやってみたい」あるいは「退職後にカフェをやりたい」という相談を受けるんです。その時、必ず言うのが、「そんなに簡単じゃないですよ」ということでして、理由は色々とあるのですが、一番は「飲食店には流行り廃りがある」からです。パンケーキが流行ったり、もつ鍋が流行らなくなったりと、デザインやファッションの流行と同じです。そして僕自身、今、50歳を前にして、「最先端の飲食店」というのを思いつけないいんです。「そうか、今はペアリングか」という感じで、「後追いのみ」なんです。

それが吉田さんの場合は、完全に成功していますね。「生まれ持ったセンスの良さ」と「とにかくこだわり続ける」姿勢でしょうか。また「本当に自分の料理と空間を楽しんで欲しい」というお気持ちでしょうか。本当に頭が上がりません。休日やさん、実は、客層がとても良いんです。これだけ上品で落ち着いた客層が集まるお店、ちょっと他に知りません。色んなことが勉強になるお店です。是非、伺ってみてください。

提供メニュー（一部）

◎もりそばの（白・黒）…900円
◎そばがき（白・黒）…900円
◎ガレット（そば粉のクレープ）…1100円
◎炭火コーヒー…600円
◎ソフトドリンク…600円
◎中国茶…600円
※価格はすべて税込

開業データ

開業年月日：2009年11月
開業投資額：1000万円
内外装費：800万円
厨房機器・什器備品費：200万円
運転資金：80万円

休日や

☎03-3303-8501｜高井戸

住所：東京都杉並区高井戸東2-22-28／営業時間：11時～20時／営業日：土曜・日曜（毎年8月は全休。大晦日は営業、新年は第2土曜日より営業）／坪数・席数：15坪・21席／客単価：1800円

和食の成功店

17

自分のアイデアは隠さず、常にオープンにする

西五反田◉SAKE story

橋野元樹さん

出版社勤務やバックパッカーの経験などを経て、実母の経営する『兎屋』で働く。独自に日本酒について学び、『兎屋』を日本酒専門店として成長させ、2017年には自身の店『SAKE story』をオープン。3ヶ月に1度スポットを当てる地域を決め、その地域の日本酒と、地域の食材を使った料理を提供している。

僕のお店〝bar bossaで〝知らない異性10人と出会って話す回〟という名前の「婚活パーティー」みたいなものをたまにやっているんですね。その婚活パーティーに参加してくれて、そこで出会った女性と先日結婚した男性がいます。西五反田で『SAKE story』という日本酒専門のお店を経営されている橋野元樹さんです。

橋野さんに会った方はご存じかと思いますが、イケメンで、感じが良く、勉強熱心で、ツイッターも面白い。適度な距離感もあって、どう考えても「みんなに人気がある男性」なんです。

ところで今、日本酒、すごく流行っていますよね。昔、吟醸酒ブームがありましたが、その時は「フルーティーで飲みやすくてワインのような」という売り文句でした。でも、今は本当に裾野が広がっていて、本格的に日本人どころか外国人もこの日本酒の美味しさに気づいています。

そんな日本酒ブームの中、橋野さん、普通ではない色んな試みをしています。1000円のお通しを出したりと様々ですが、これでお客さんは大丈夫なのか、どうして橋野さんは他のお店より「ひとつ飛び抜けた存在」なのか、色んなその魅力や理由を質問してみました。

――飲食業を最初からやろうと思ってましたか？

橋野 正直やろうとは思ってなくて、10代は芸能事務所に所属していて、20代はライターになりたくて出版社に所属したり、フリーライターをやったりしていました。

――以前働いていた『兎屋』（※1）さんというのは？

橋野 うちはサラリーマンの家庭なんですけど、僕が20代の時に母が飲食店でパートをしていたんです。そこの料理人が独立する時に資金が足りなくて、それで母が共同経営者になって『兎屋』という飲食店を始めたんです。それを手伝っていました。

――飲食店に正式に勤めたことはあるんですか？

橋野 大学卒業後、ハードロックカフェなどをやっている会社のフラッグシップ店で働いたんですけど、1年で辞めちゃって。それで海外で居候したりとか、バックパッカーをしたりして、その合間に働いていました。お酒を軸に色んな大人と出会ったりして。30歳の時に下川祐治さんという貧乏旅行ライターの方と出会って、アジアを横断して、区切りがつきました（下川祐治 著：新潮文庫「5万4千円でアジア大横断」に橋野さん登場しています）。

※1. 東京・笹塚で日本酒専門居酒屋として人気の『兎屋』。

難しい業界だからこそチャンスがある

――お通しは初めから出していたんですか？

橋野 いえ、景気が悪くなった12、13年前ですかね。兎屋はその時すでにオープンして10年が経っていたんですけど、結構ガタが来ていました。１５００円の定食を予約で受けて、飲み物がお水だったりして。

それでこれは良くないということで、「いずれはお通し代をとりましょう。その代わり僕がお酒を勉強します」と提案して、その2、3年後にお通し代をとることにしました。

――途中からお通しを始めるってすごいですね。お客様は大丈夫でしたか？

橋野 一件だけクレームがきましたが、他は大丈夫でした。良い意味でお客様を選別しなければと思っていたので。その代わり、お酒をしっかり勉強しました。

当時は「dancyu」で1年に1回、日本酒特集をやるくらいの注目度だったんです。だから、情報収集にはインターネットをすごく使いました。インターネットはパソコン通信時代からよく使っていて、検索して酒販店さんを回りました。

日本酒がなかなか流行らなかったのは「難しい・分からない・閉鎖的」だったからだと思うん

です。なので、逆にそこはチャンスだったんです。

――なるほど、みんなが難しくて手を出していないからチャンスだったわけですね。でも、酒蔵さんがお酒を回してくれないってこともあるんですよね？

橋野 それは酒屋さんですね。番頭さんによることもありますが。

――酒屋さんが酒蔵を回って、美味しいお酒を見つけて、買い付けて、飲食店に卸しているわけなんですよね。

橋野 そうです。例えば売れていない銘柄でも、酒屋さんが未来を信じて「年間これだけ買う」と約束して、買い続けるわけです。銘柄は言えませんが、今では入手困難なお酒でも、そうした時期には買ったはいいけど売れなくて、酒屋さんが泣く泣く流し続けたっていう話もあります。

――ワインと違って、日本酒は熟成しないわけですよね。

橋野 熟成して飲むというお酒もありますが、基本的には熟成して楽しむものではないですね。でも、マニアの方が年の違いを楽しむために垂直飲み（※2）をすることはあります。

ワインはその年のブドウのできによって味が変わりますが、日本酒は特にその年の職人の作り方や考え方によって変わるんです。その違いを楽しむ人はいますね。

※2. ワイン用語で、「同じワインを異なる生産年度別に飲み比べること」を指す。

上. 日本酒の味わいを表現したチャート。お客に好みの味を探してもらうために橋野さんが独自に作ったのだという。　下. 日本酒のフタを使ったオリジナルマグネット。橋野さんならではのアイデア商品だ。

日本酒の売上が劇的に増加！

――そういうのってどうやって勉強するんですか？

橋野　インターネットですかね。僕、自分で良かったと思うのが、師匠がいないことなんです。師匠がいたらそれ以上にいけないと思っているので、それは良かったですね。

酒屋さんを1週間や2週間に1回くらいの頻度で周って、まず顔を覚えてもらうことから始めました。当時は焼酎ブームで、日本酒の試飲会はガラガラで。その頃、『並木橋なかむら』（※3）さんのスタッフの方が三、四人で来て、蔵元さんとも知り合いでわいわいやっていたんですけど、当時の僕はもちろん知らないから、一人で黙々と試飲して、「あ、こういうお酒もあるんだ」っていうのを繰り返していました。

僕が『兎屋』に入った当初は、ワインリストがあって創作料理がある店で、日本酒の売上が総売上の0・01％だったんです。でも、そうやって勉強していって日本酒に力を入れたことで、最終的には15％までになりました。

※3. 株式会社フェアグランドが経営する、東京・渋谷にある人気和食店『並木橋なかむら』。

客層に合わせたお通しの設定

あとは僕、飲食の本を読むのが好きで、ある時本で「あるお店はお通しを4点盛りにして豪華にすることで、まず驚いてもらう。お店にしても時間が稼げる」というのを読んで、なるほどと思って。兎屋も1品で350円だったお通しを、3品で850円に変えたりしました。『Sake story』も、テーマに合わせた地域の食材を使った料理の4点盛りをお重で出して、1000円ということにしました。

――こちらの1000円のお通しって嫌がる人はいないですか？

橋野　いないですね。嫌だと感じて来なくなった人もいるかもしれませんが。

――初めてのお客様に入口で「お通しは1000円ですよ」って伝えているわけではないですよね。

橋野　ここは裏道なので、入口の看板を見てフラッと入ってくる人がいないんです。事前情報があって入ってくる人がほとんどで、普段はすごく高いお店を使っているアッパーな人たちが、「ここだと6、7000円くらいで飲めて、安くていいね」というのを狙ってるんです。

ちょっとそのお通しのお重を食べながら話しましょうか。このお重も高く見えるんですけど、実はネットで購入したもので、アウトレットで800円だったんです。

今は「栃木・茨城特集」なので、その土地の食材を色々使っているんですが、でも、僕あまりその地域の食材を知らなくて。そこで、フェイスブックで「今度、栃木・茨城特集なんで教えてください！」って書くと、50、60件コメントが来るんです。それを聞ける僕のキャラ、お得ですよね（笑）。

――これは3ヶ月間、地方を決めて日本酒とその地域の食材を使ったお通しを出しているというわけですよね。どうしてですか？

橋野　正直、今、日本酒のニューカマーってあまりないんです。それと僕、蔵元の知り合いが増えすぎてしまって、その人たちがお店に来てくれた時に、その蔵元の日本酒を置いてなくても、「今はこの地域なので」と説明できる、という理由もあります。

――蔵元さん、よく来るんですね。

橋野　はい、毎週何人もお見えになっています。以前は蔵元に行ってモロミを見ても何かわかるわけでもないので、遠慮していたのですが、蔵元によっては色んな経営理念があって、そういう話を聞いて、お客様に伝えるのも僕の役目かなと思って、今は行くようにしています。

情報を〝シェア〟する時代

――こちらにお店を出したきっかけはなんですか？

橋野　以前ここに入っていたお店は10年やってたお店で、よく蔵元さんと飲みに来ていたんです。そしたら、店を閉めるってツイッターで見て、挨拶で飲みに行ったら、その次は決まってないと聞いて。大家さんも上に住んでいて、造作も全部無料で使って良いよって言っていただいたんです。家賃は12坪で17万円と安いですし。

昔日本酒に炭酸ガスを入れるというのを提案させていただいて、当時はめっちゃくちゃ文句言う人もいたんですけど、こういう自由なキャラなので、これは僕がやるべきだと思って。

でも、これは元々「会津娘」の酒蔵さんのアイデアで、ある時試飲会のブースで、「日本酒に炭酸ガスを入れる機械があるんだけど、どういうのが良いかねえ？」って質問されたんです。その時、飲食関係の人が四人くらいいたんですけど、「これは1番にやろう」って思って、急いで機械を全部取り寄せて、全部試したんです。それで、蔵元さんにも了解を得て、炭酸ガスを入れて提供するのを始めて、日本酒業界でも名が売れたんです。「なんか変な奴が出てきたぞ」って。

――コロッケを看板メニューされていますが、これはどうして？

橋野　そのお店の名物って必要じゃないですか。美味しいのは当たり前で、あとインパクトがあって、お店のお酒に合うもの。

僕が高校生の頃、当時始まったばかりの「料理の鉄人」に出たんです。その時、母のパート先の店長（後の『兎屋』の協同経営者）が「すき焼きコロッケが良いんじゃないか」って言ってくれて、ほとんど手伝ってもらって出演したんです。そういうストーリーもあるし、つまみにもなるし、いいなと思って。来店する方の98％くらいの人がこれを注文してくれますね。

――集客はインターネットですか？

橋野　ＳＮＳですね。ツイッターはもう自由にやっていますから。うちの店に来るお客様はどこかで日本酒を飲んで、もっと詳しく、美味しいお酒を知りたいなって思った方ですかね。僕は麹がどうのとかスペックを語るのではなくて、こういう蔵元さんがいて、というストーリーを語って飲んでもらうスタイルなんです。

――これから飲食業、お店をやりたいという人に一言いただけますか。

橋野　まず一人でやってみて、お客さんが来るようになったら人を入れる、というやり方をおすすめします。機材は新しいものを追いかけた方が良いです。僕、食器洗浄機、買っちゃったんです。１００万円で。リースで良いですよね（苦笑）。

あとはオープン前に１ヶ月間、別のお店で働かせてもらって情報交換をするっていうのも良いですね。今はシェアの時代で、隠すような時代ではないですから。積極的に情報を発信しつつ集めた方が良いですね。僕、これからも飲食店に役立つ情報を提供しようと思っていますので。

橋野さん、本当に「インターネット、ＳＮＳの時代」ならではの考え方、経営理念をお持ちで、本当に面白い方でした。これから日本酒業界をもっともっと変えていきそうですね。

写真は「お通しお重」1000円（現在はスープ付1400円で提供。予約客はコロッケを付けて2500円で提供する。）4つの小鉢料理をお重に入れたお通しで、その時々のテーマになっている地域の食材を使った料理を提供している。7月〜9月は「栃木・茨城」ということで、カンピョウを使った酢ダレ麩や、お揚げと納豆、日光の湯葉などを使った4品が並んでいる。

取材を終えて…

最初から驚きの経歴でした。橋野さん、10代は芸能事務所に所属、20代はフリーライターだったんですね。いや、ほんと、この本に登場してくれた方、みなさん回り道をしていますが、橋野さんの回り道はすごいです。これを読んでいるあなたも、20代でも30代でも、飲食業未経験でも、全然大丈夫ですよ。橋野さん、今、日本酒業界のホープですから。

お話を聞いて感じたのは「インターネットが大好き」ということです。登場する方の中で一番ネットを活用していますね。確かに、日本中の酒蔵さんと繋がるのに、SNSは有効です。さらに、古い風習にとらわれない橋野さんらしいのが、「面白い」と感じたらすぐに取り入れる姿勢です。この本に登場する方の共通点ですが、橋野さんはそれが顕著ですね。羨ましいです。

日本酒って業界的に新参者として入るのが難しいし、味をお客様に説明するのも難しいのではと常々感じています。その壁を乗り越えるのは、橋野さんの柔軟さと誠実さなんでしょうね。

橋野さんの「日本酒の物語」の説明、すごく面白いですよ。あなたが日本酒を扱わなくてもすごく参考になると思います。是非、お店に行ってみてください。

提供メニュー(一部)
◎すき焼きコロッケ(2ケ)…950円
◎笹の葉揚げ(2ケ)笹かま磯部揚げ…600円
◎酒の肴セット(4品)…2500円
【日本酒は3ヵ月ごとにランナップが変化】
◎100㎖…600円(グラス)
◎200㎖…1200円(片口)
◎300㎖…1750円(片口)
※価格はすべて税抜

開業データ
開業年月日:2017年8月8日
開業投資額:450万円
物件取得費:250万円
内外装費:50万円
厨房機器・什器備品費:150万円
運転資金:100万円

SAKE story
☎03-6431-9198 | 西五反田
住所:東京都品川区西五反田2-17-8 浅見ビル2F/営業時間:月〜金曜18時〜24時(L.O. 22時)、土曜の営業は要確認/定休日:日曜、祝日/坪数・席数:12坪・18席/客単価:6000円〜7000円

多国籍料理の成功店

18

世代交代しても変わらない〝味〟がある

下北沢◉茄子おやじ

初代オーナー **阿部孝明**さん(中央)、2代目オーナー **西村伸也**さん(左)

阿部さん:吉祥寺『まめ蔵』で働いた後、1990年に下北沢で『茄子おやじ』を開業。店名は自身のニックネームから命名。今年3月に埼玉・小川で『小川ぐらしの茄子おやじ』をオープン。
西村さん:飲食店で経験を積み、『茄子おやじ』でアルバイトスタッフとして勤務。2016年に阿部さんから茄子おやじを引き継ぐ。茄子おやじの営業の傍らライブなどの音楽活動も行っている。

僕が22歳の頃、働いていた『レコファン』というレコード店の会社の上司が、サントラ（映画音楽）が大好きで、「すごく良いサントラをかけているカレー屋があるから一緒に行こうか」と誘ってくれたのが『茄子おやじ』さんでした。当時はまだカフェブームの前で、こういう「文化的な雰囲気」が売りの飲食店は世間にはなくて、「カレーは美味しいし、茄子おやじっていうネーミングも面白いし、飲食店って面白そうだなあ」と感じたきっかけのお店でした。

それから3年後、バーテンダー修業をする前に、この茄子おやじさんで「カレーを覚えて、自分がやるお店の目玉メニューにしよう」と思い、面接を受けて内定をいただいていました。しかし、同時にバーの仕事も覚えようと思って受けていた『バー・フェアグランド』のオーナー中村さんに、「うちだけ毎日びっちり入るなら雇う」と言われ、泣く泣く茄子おやじさんを断った経緯があります。

そんな茄子おやじさん、今は当時のオーナー阿部さんが2代目の西村さんに譲って営業中です。どんなお店もいつかはやめなくてはいけないし、僕もそろそろそんな年齢に近づいてきたので、お店をやめること、あるいは2代目に譲ることについても詳しく伺ってみました。

――阿部さん、最初は吉祥寺の『まめ蔵』（※1）で働き始めたんですよね。

阿部　大学を出て1年半サラリーマンをやったんですが無理だと悟って、その後はずっとフリーターをしていました。高校の時の親友のお兄さんがまめ蔵のオーナーで、フラフラしているなら働かないかと言われ、20代後半から働き始めました。まめ蔵は個性的な人が働いていて面白かったし、まめ蔵のカレーも好きだったからこのスタイルでお店をやれないかなと思って、１９９０年33歳の時にこちらで店を始めました。

――まめ蔵と味は変えましたか？

阿部　マイナーチェンジで少し軽くしましたがベースは同じですね。

――下北沢は物件が高いと思うのですが、当時このあたりは賑わっているエリアから少し離れていましたよね。

阿部　でも、まだバブルがはじける前だったので、保証金だけで９００万円かかりました。半分は自己資金で、半分は小規模共済から借りました。まめ蔵のマスターの助言で、まめ蔵で働いている時から小規模共済に少しずつ積み立てていました。下北に決めた理由は小さいヒューマンスケール（※2）の街で路地裏まで人が回遊しているので、こういう場所でも魅力があるかなと思って決めました。

※1. 東京・吉祥寺にある老舗カレー専門店。1978年創業で2018年に40周年を迎えた。
※2.人間の感覚・動きに適した、空間の規模や大きさの尺度。

――当時、この辺って本当にお店なかったですよね。

阿部 最初は本当に閑古鳥が鳴いていました。たまたまマガジンハウスの編集に携わっている人が発見してくれて、確か最初は「Hanako」だったんじゃないかな。それはすごく大きかったです。その後はOlive、宝島、BRUTUSも来てくれて。それがなかったらやばかったかもしれないです。

――最初からこういう文化を売るというコンセプトはあったんですか？

阿部 漠然とはあったけど、集まってきてくれた若い人たちのおかげですね。当時としてはちょっとお洒落なカレー屋ができたなって程度で、そこに若い人たちが集まってきて、ＤＪパーティとかやってくれたので。

――というのは、当時、まだカフェブームも始まってなくて、飲食店がこういう文化を発信っていうのはなかったなと思いまして。

阿部 もう本当に自然発生的ですね。サニーデイ・サービスの曽我部さんが来てくれたのも大きかったです。95年くらいに曽我部さんが茄子おやじのことを雑誌で喋っていただいて。

――阿部さん自体は意識的に動いたり人を集めたり、何かを書いたりとかはしてないんですか。

阿部 してない、してない。お客さんの方からですね。僕、好きな人には積極的に話しかけますけど、人見知りなんで。

店をやめた時に備えて

――カレーって作るのが大変なのではと思うのですが。

阿部　タマネギ20~30キロを、朝から夕方まで飴色になるまでずっと炒めなきゃいけないから目が離せないですね。体力的にはきついです。

――カレー以外にバー的な売上を目指そうと思わなかったですか?

阿部　僕では無理でした。一度、カクテルが作れる女性に入ってもらったことがあったんですけど妊娠して辞めちゃって。その後も続けようとは思わなかったですね。やっぱりみなさん、カレーを求めてやってくるんで。

――このカレーを商品化というお話はなかったですか?

阿部　色々とありました。レトルトで出さないかっていう話とか。でも、工場に発注して同じモノが出せると思わなかったし、かといってこの厨房で出来るとも思えなくて。

――2件目は考えなかったですか?

阿部　何度も考えたんですけどね。人が育たなかったですね。やっぱりみんな独立して自分のお店を持ちたいじゃないですか。雇われ店長でやろうとは思ってくれないですよね。あと貯蓄がそ

写真は「スペシャル（ぜんぶ入り）」1300円。チキン、野菜などがたっぷり入った人気の一品。

んなに出来なかった（笑）。いろんなモノを買ったので。後悔してますけどね。

――個人経営のみなさんが抱えている不安で、「お店辞めたあとどうしよう。どう辞めよう」ってことがあると思うんですが、例えば年金とかどうしてますか？

阿部　国民年金なので僕は4年後ですね。たぶん月々5、6万円じゃないかな。積み立てはした方がいいと思いますよ。僕はずっと小規模共済で、好調な時は月々7万円、時期によって3万円とか積み立ててました。積立金に合わせて低金利で借り入れもできるので、それで更新やメンテナンスの時は役立ちましたね。あと廃業したら積み立ては返ってきますから。そんなに大したことなかったですけど、1000万円届かないくらいかな。

2代目へ代替わりを決意

――このお店はいくらで譲られたんですか？

阿部　うちの場合は最初僕が提示してた金額より、途中で上げてもらったのね。これでは生活できないなと思って。それで○○○万円かな。（金額は秘密）

――え！　安い！

阿部 (隣に座っている2代目の西村さんに向かって) 安いってよ! (笑) その時、保証金とか家賃とかも大家さんに交渉してあげて。

――一度大家さんと契約を終えて、改めて契約したんですよね。

阿部 そうです。そこは僕が長くやっていたんで引き継いで。長年僕が更新の時に「安くして」って交渉して入った当時より少し安くなったんじゃないかな。

――西村さんとの出会いは?

阿部 彼がバイトをしたいって来てくれて。吉祥寺に住んでたから「まめ蔵があるでしょ」って言ったら、「こっちがいい」って言ってくれて。

――西村さんが飲食業界に入ったきっかけは?

西村 元々音楽をやってて、何かバイトしようと思って、『はらドーナッツ』で働き始めました。「ドーナッツ屋で働いたらドーナッツ食べられるな」って思って。その後、はらドーナッツのカフェで働いて、カレー屋がやりたくて、茄子おやじにきました。

――どんな音楽をやっているんですか?

西村 ピアノが中心のアコースティックな音楽です。

――音楽は続けているんですか?

西村　趣味でずっと続けています。

――どうしてカレーを？

西村　いつか独立したいと思っていて、カレーが好きだからカレー屋をやりたいなって思って。まめ蔵で働いていた人がオープンしたカレーのお店が下北沢にあるって知って、食べてみたら「美味い！」って衝撃を受けて、面接を受けました。

――代替わりの時、阿部さんからどういう風に話があったんですか？

西村　前から「独立したい」と伝えていて、ある日おやじさんが「閉めようと思ってるんだけど、どう？」って言ってくれたんです。もし、僕が継がなかったらこのお店は閉めちゃうって。自分のお店を持ちたかったですけど、このお店が下北からなくなるのは嫌だったので、喜んで引き受けました。

個人店を〝継ぐ〟ということ

――茄子おやじっていう名前は変えようとは思いませんでしたか？

西村　全然思わなかったです。

――それは茄子おやじにお客さんはついているから、そのまま続けた方がいいという経営的判断ですか？

阿部 それは僕がそうすすめました。しばらくして浸透したらまた名前を変えたらって。

――西村さんはご自分の名前を残したいとは思いませんか？ 茄子おやじという名前自体、阿部さんのニックネームですよね。

西村 今でも変えようと思ったらできますけど、茄子おやじという名前あってのカレーだと思っているので。元々このカレーが好きなので変える理由はないし、下北沢になくてはならないカレーと名前だと思っていますから。

――お店を継いだ人たちが一番嫌になる言葉が「あれ？ 阿部さんいないの？」っていう言葉だと思うのですが、どうですか？

西村 それはまあしょうがないというか…。まあでもそこまで言う人ってそんなにいないですかね。

阿部 継いだことはフェイスブックで大々的に言ったのでそこは大丈夫じゃないかな。お店も改装して彼のカラーに変えているし。僕がやっていた末期よりも売上は上がっているし。リスクをとってこうやって改装して新しくしたっていうのはみんな評価してるんじゃないかな。

――新しいお客様はどうやって？

西村 うちはインスタしかやってないんですが、みんなそれを見て来ますね。県外の人もすごく多いです。インスタでは今日かけてるレコードとか、僕の個人的なことばかりあげてますね。たまにカレーをあげると「いいね」がすごくつく感じです。

――売上はどのくらい上がりましたか？

西村 代替わりして、売上は1・5倍くらいになりました。

――すごいですね。

西村 まあセットとかもありますから。

――スタッフは？

西村 常に僕がいて、スタッフが一人いますね。

――売上が上がった分、例えば音楽レーベルを始めようとは思いませんか？

西村 一般的にみて、今音楽はビジネスにはならないですから。若い子を抱えて、その子の夢を潰すようなことは出来ないですね。

――これから飲食店、飲食業をやりたい若者に向かって何か一言お願いします。

阿部 好きなことやるしかないよね。僕と西村くんは運が良かったんだよ。やりたいと思ったら、高校卒業したらすぐ飲食業に入った方がいいね。

——西村さんはどうですか？

西村 他の職業も色々ありますが、飲食って色んな人がお店に来てくれるので、色んな人の人生と関わり合えるのがいいですね。僕はおやじさんのカレーってふとした時にすごく食べたくなるんですね。そこにたずさわれるのが僕はとても幸せです。

上．スリーピースロックバンド「サニーデイ・サービス」の曽我部恵一さんに阿部さんが依頼して描いてもらったという看板。ふらりと現れ、20分ほどで描きあげたものだという。　下．二代目の西村さんが店を継いでから新たに作ったというDJブース。店のBGMとして毎日レコードを流している。

取材を終えて…

茄子おやじさんは店内の雰囲気やBGMが文化的なんです。カフェブーム以降はこういうお店が日本中に出現しましたが、僕が最初に伺った当時、こういったお店はなかったです。これは初代オーナーの阿部さんが考え抜いたコンセプトなんだろうなあと思っていたら、なんと集まったお客さんから自然発生的にこういう雰囲気になったんですね。なんとなく「文化的な雰囲気」に仕上げたお店は多いですが、茄子おやじさんは全く逆のアプローチです。「お客さんから」というのは本当に理想的ですね。

意地悪というわけじゃないのですが、2代目の西村さんに「常連さんが、阿部さんのことばかり話したりするの嫌じゃないですか？」と、何度も聞いてみたんです。そしたら西村さんは、「もし僕が継がなければお店を閉めると言われて。自分のお店を持ちたかったですが、茄子おやじが下北からなくなるのが嫌だったので、喜んで継ぎました」と話してくださって、思わず泣いてしまいました。名店ってこんな風に継がれて残っていくんですね。もちろん西村さんに代替わりしてから、さらにパワーアップしています。是非、茄子おやじさんに、下北ならではのカレーを食べにいって見てください。

提供メニュー（一部）
【カレー】
◎チキン…1000円
◎ビーフ…1100円
◎スペシャル（全部入り）…1300円
【セット】
◎ランチセット…各カレーに+400円
プチサラダ・ドリンク付き
◎ディナーセット…各カレーに+500円
プチサラダ・ドリンク付き
※価格はすべて税込

開業データ
開業年月日：1990年4月17日
開業投資額：1000万円
物件取得費：900万円
運転資金：100万円

茄子おやじ
☎03-3411-7035｜下北沢
住所：東京都世田谷区代沢5丁目36-8 アルファビル1F／営業時間：12時～22時（L.O. 21:30）／定休日：不定休／席数：約18席／客単価：1000円

多国籍料理の成功店

19

ディープな音楽と料理でひきつける

渋谷◉Los Barbados

上川大助さん(右)、**上川真弓**さん(左)

千葉・市川で12年にわたりレゲエ・バーを経営。その後、渋谷に『Los Barbados』をオープン。大助さんは、アフリカ・コンゴの音楽を演奏するミュージシャンでもあり、アフリカ各地を回り、現地の食に触れてきた。同店では主にアフリカ・中東・カリブの料理を出しており、ベジタリアンやビーガンに対応する料理も提供している。

僕のお店bar bossaの開店当初は「ボサノヴァのお店」というコンセプトが注目されて、音楽関係のお客様が多く来店していました。その中で、千葉の市川でレゲエのバーを経営している上川さんというご夫妻がよく来店してくれていました。お二人は市川で2店舗を経営し、どちらも繁盛していたはずなのに、1店は譲って、1店は閉めて、飲食業界から引退してしまったんです。

上川ご夫妻とはその後も付き合いを続けていました。ある時、ご主人の大助さんがまた料理を始めたと聞いて、「だったら自分のお店を始めた方が良いですよ」と何度も何度も言っていたんです。すると、渋谷で『ロス・バルバドス』という小さなアフリカ料理店を始めてしまいました。

以前のレゲエのお店はDJやイベントが入ったり音楽を前に打ち出したスタイルだったのですが、今度はランチもやっているし、ベジタリアン料理も積極的に取り入れています。

元々、大助さんがアフリカのコンゴのキャンシャサに長期滞在していたことがあり、ベーシストをやっていたという経緯もありますが、アフリカ料理にこだわっていて、アフリカ人がフラッとお店に入っていくのをよく見かけます。アフリカ料理ってどうなのか、ベジタリアン料理は難しいとよく耳にするけどどうなのか、そのあたりをじっくりと聞いてみました。

――飲食経験から教えてください。

真弓 私はゼロ。

大助 10代の終わりに母親に「将来そういうお店をやりたいなら調理師免許がないと出来ない」と言われて、調理師学校で勉強して五反田の小さい洋食屋に入ったの。2年働いた後、音楽をやりたかったから地元に帰って、音楽をかけてるアメリカンルーツのロック系のお店でキッチンを2年やったかな。その後はずっと飲食をやっていなくて、物流で働きながら音楽やったりアフリカに行ったりして、93年に結婚したね。95年に二人で「お店やりたいね」と話して、地元の市川で物件を探して、最初に見せてもらったのが駅近だったからそれに決めちゃった。

――1店目は渋谷や下北沢とか、あまり考えなかったんですか?

真弓 地元に知り合いがいっぱいいたから、あまり考えていなかったです。

――その市川のお店は最初から音楽中心だったんですか?

大助 そう。レゲエ中心で10坪だったからDJブースも作ってライブもしてたよ。80年代前半頃の最盛期は、市川で8店くらいジャズのお店があって、元々そういう音楽の土壌があった。

――当時の売上はどうでしたか?

真弓 年商2000万円くらいかな。

――すごい。儲かってたんですね…

真弓 最初は近くの大学に通う学生とか、大手企業の社宅があったからそこの人がすごく来てくれたんだよね。

大助 あと、シェアハウスの先駆けみたいな場所もあって、外国人がすごく来てくれたかな。レゲエとサッカーが流れてるとイギリス人は喜んでくれてね。

2店目の難しさを痛感

――その後、2店目を始めたわけですが、どうしてやろうと思ったんですか?

真弓 若かったから、どうせなら違うことやってみたいと思って。でも、大変だった。これ、林くんが言ってたんだっけ? 5店、6店になれば、現場に任せて楽になるけど、2店、3店だとやることが増えるだけで、全然楽じゃないって。それは本当だったね。だから、2店目は途中から店長の子に任せて、私達はタッチしなくなったんだよね。今でもそのお店はあるよ。

――2店目は上手くいかなかったんですか?

真弓 そうだね。人を使わなきゃいけなかったからね。

――人を使うのは上手い方じゃないんですか？

真弓　ほら、人を使うのが上手い人ってスタッフと一緒にわいわいするじゃない。そういうのを全然やらなかった。

――上手い人って「飲みに行こうか」とか「おまえ、結婚しないのか？」とか、すごくプライベートに入り込みますよね。

大助　そういうことは絶対に言わない。だって大きなお世話じゃん。

――ああ、すごく個人主義なんですよね。じゃあ2店目は経営的に上手くいかなかったんですね。

真弓　そうね。赤字にはならなかったけどトントンで。1店目も長いことやってきて売上も少しずつ落ちてきたしね。周りに安いお店も出来て、若い子も飲まなくなったからどうしても常連さんだけになってしまって、新しいお客さんが入ってこなくなったんだよね。それで2店目の方は店長に譲ったの。でも、2店目のお店は今もあって、10年以上続いているから場所的には悪くなかったんだと思う。

大助　その後、2003年にカミさん（真弓さん）が違う仕事に就いちゃって、俺一人で店をやるようになった。でも、店ってずっと同じことを続けるルーティーンじゃない。なんだか煮詰まっちゃって。とりあえず10周年までやろうと続けてたけど、2006年に、経営的にそんなに良く

Il Fallait Skaka
VEVE CENTER
VICTORIA

ないし、「もうやめようかな」と迷ってたら、（真弓さんが）「やめるならスパっとやめろ！」って言ってきて。

真弓　そう、私「やめようか、どうしようか」って悩むのが嫌いで、「イヤだったらやめる。イヤじゃなければやる。イヤならすっぱりやめなさいよ」って言って、1店目を閉めたの。

休業を経て、新たな店をオープン

大助　それで、カミさんの仕事もあるから東京に移ることにして、代々木上原に引っ越したの。それまでずっと店の中にいたから外に出たいと思って、「生活クラブ」という生協の宅配企業で働いていた。すごく食材にこだわっているところだから、色々勉強になって、それで少しずつ意識が変わってきたね。

1年経ったころ、やっぱり飲食で働きたくなって、友達の紹介で代々木八幡の『NEWPORT』に入って調理を始めたんだ。2年くらい働いていたら、店で林くんに会って、それから「店をやれ、店をやれ」って会うたびに言われたね。（爆笑）

——　そうなんです。僕が「店をやった方が良いですよ」ってすごくすすめて。

大助　それでフラッとボッサに行ったら、林くんが「不動産屋を紹介するからとりあえず行ってみろ」と言うから、数日後にちょっと寄ったんだよね。それで「林さんの紹介で、こんな感じの物件を探してる」って聞いたら、「二つ空いてるよ。今から見に行く？」と言われて、この場所と一つ上の物件を見せてもらった。不動産屋さんに「3坪だから一人でやれば良い」と言われて。家賃8万6千円で管理費・看板代も全部入れて10万6千円だから、カミさんも「安いからやれば」って言ってね。一人でやろうと思ったんだけど、結局カミさんも「一人でやるなんてずるい。私もやる」って言ってきて、二人でやることになっちゃった。

真弓　その頃、仕事がきつくってさあ。

――内装はいくらかかりましたか？

大助　内装屋に払ったのが１２０万円。

――安いですね。

大助　国民金融公庫に行く前にタワーレコードに寄って、トイレで「よし行くぞ！」って気合いを入れて出ようとしたら知り合いにばったり会って、また店をやると言ったら、そいつが「木工をやってるから、何かあったら声かけてよ」って言ってきて、そいつにお願いしたの。

真弓　まあタイルは大助が貼ったりして、プロに頼むよりは時間はかかったんだけど、安く済んだよね。うちは貯金が200万あって、公庫で300万借りて、最初は3、400万で始めたのかな。

好きなことをとことん突き詰める

――最初からランチはやるつもりだったんですか？

大助 まあ場所的にランチはいけると思ったんだよね。

真弓 前の店は朝までやってたからもう疲れちゃったしね。

――でも、渋谷だと朝までやった方が儲かりますよね。

真弓 でも、面倒くさい人も来るし。

大助 それでどれだけ遅くても0時には閉めようって言って、ランチもやることにしたの。でも、これが最初は入んなくってさあ。

――え？ そうなんですか？

大助 そうだよ。最初は2日で売上800円の時もあったからね。その後、少しずつ増えたんだけど1年はダメだった。そんな時、震災があった。実はその震災の当日に雑誌「BRUTUS」の取材が入ってたの。その記事が4月に出て、それですごく助かったね。

――ああ、覚えています。あの「BRUTUS」の取材はすごく助かったって、飲食の人はみんな言ってましたよね。

大助 そう。あれから火がついたね。

――最初からアフリカ料理ではなかったんですよね。

大助 そう。最初は明確なコンセプトはなかった。ランチでカレーもやっていたし。あまりアフリカに偏らない方が良いかと思って。

――偏らない方が良いって考えるのが不思議ですね。人間的には個性的と言いますか、偏ってますよね。

大助 偏ってるよ（笑）。でも、表に出す時は「よくわからない」感じにしたいんだよね。店名もよくわからない感じでしょ。バルバドスは「ラムの発祥地」「髭をたくわえている人」って意味があって。チェ・ゲバラやカストロもバルバドスって呼ばれてたのよ。

真弓 アフリカ人もチェ・ゲバラって好きだから。

大助 あと、チャーリー・パーカーのバルバドスって曲も大好きだから。実は色んな意味があるのよ（笑）。

――アフリカ料理だと名乗りだしたのはいつ頃ですか？

大助 料理もそうだけど、最初は音楽もここまでコンゴ一色じゃなかった。パリでアフリカ人がやってるような音楽をかけてたんだけど、カミさんが店に入って「チャラいからコンゴだけにした方が良い、料理ももっとディープにした方が良い」って言うから変えたね。それで1年目にベジタリアン料理を始めて。そこからビーガンもやり始めたの。

真弓 そしたら、NHKで働いているベジタリアンのイギリス人がブログに載せてくれて、それですごく広まった。あと誰かが「ハッピーカウ」っていうベジタリアン料理を出す店専用のグルメサイトに口コミを載せてくれたみたいで。

――ベジは難しいとよく聞きますがどうですか。

大助 渋谷だからってこともあるかな。ベジタリアンやビーガンの外国人もすごく多いからね。

――現在の年商はどのくらいですか？

真弓 1500万円。もう年だからやりたいことしかやりたくなくて、このくらい。

大助 ちなみにまだ言えないんだけど、アフリカ関係で大きい企画を考えているよ。

――これから飲食をやりたい人に一言お願いします。

大助 これから多様化の時代だから、やっぱり好きなことがあった方が良いかな。

真弓 すごく好きなことがあるのならお店をやった方が良い。大助も夜中に帰ってきて、疲れただなんだってブツブツ言いつつ、YouTubeでコンゴの料理動画を見ながら研究してるから。そういう風にすごく好きじゃないと続かないと思う。

取材を終えて…

レゲエのお店の繁盛ぶりには、びっくりしました。でも、僕も店を経営しているので、ずっと儲け続けることの難しさはわかります。正直に言いますと、僕自身、今はバー経営よりも著述業の方がメインになりつつあります。いや本当、ずーっと同じお店を繁盛店としてキープするって難しいんです。それを思い切ってやめたのはすごいです。僕も毎日のように「やめたいな」とか、「移転して違うスタイルにしてみたいな」と思うのですが、それって出来ないんです。

上川さんご夫婦が渋谷でお店をやるなら、外国人やミュージシャンが朝まで大騒ぎするような、お酒と音楽がメインのお店だと思っていたのですが、違うスタイルでびっくりでした。最初は全然ダメだったみたいですが、今では料理人や飲食店経営者なら、必ず一度は行ってみるというすごく有名なお店なんです。ベジタリアン料理も「それだけ」にはしないで、鶏肉料理も用意しているのがバランス良いんですよね。実は僕、外国からの友人が東京に来たら、必ずロス・バルバドスに連れて行きます。外国人の方、すごく喜んでくれます。「面白いお店ある?」という日本人も絶対に気に入ってくれます。あなたも是非、ロス・バルバドスさん行ってみてください。

提供メニュー(一部)

【ランチ】

◎ヴェジタリアン・マッツァ、ダル・コルシュ、プーレ・ヤッサ…すべて900円

【ディナー】

◎野菜前菜盛合せ…Sサイズ500円〜

◎クスクスのラザニア…Sサイズ700円〜

◎ヴェジタリアン・マッツァ(アラブ風野菜惣菜盛合せ)…Sサイズ750円〜

【ドリンク】

◎ハイネケン、ドラフトビール 1pint…900円、1/2pint…500円

◎グラスワイン…750円〜

◎ボトルワイン…4000円〜(ワインは自然派のみ)

※価格はすべて税込

開業データ

開業年月日:2010年1月26日

開業投資額:400万円

物件取得費:105万円

内外装費:170万円

厨房機器・什器備品費:125万円

運転資金:100万円

Los Barbados

☎03-3496-7175 | 渋谷

住所:東京都渋谷区宇田川町41-26 パピエビル104

営業時間:12時〜15時、18時〜(L.O. 22時)/定休日:日曜/坪数・席数:3.5坪・8席/客単価:昼1000円、夜4000円

多国籍料理の成功店

20

"ワン&オンリー"のお店になっている

渋谷●bar blen blen blen(バー ブレンブレンブレン)

宿口 豪さん

学生時代にはバンドやDJとして活動を行いながら、レコード店、バー、カフェでアルバイトをして音楽三昧の日々を過ごす。大学卒業を機に、バーの開業を決意。その後、ブラジル音楽に魅せられ、2006年、ブラジルの音楽と料理が楽しめる『bar blen blen blen』をオープンした。

いわゆる「ミュージック・バー」というスタイルがあります。ロック・バーやレゲエ・バー、ソウル・バーといった日本全国の都市に必ずあるものから、昭和歌謡バーやAORバーといった細分化されたものもあります。こういうお店は「最初はロックが目的で来店したけど、マスターの人柄が気に入って、いつの間にか常連になってしまった」というお客様で成立しています。

実は僕が経営しているbar bossaも、「ボサノヴァのバー」という要素の他に、「ワインバー」という要素もありますし、マスターである僕のキャラクターを気に入って通ってくれているお客様もいます。ただ、単に「渋谷の裏でデートに使いやすいから」という理由のお客様が一番多かったりもします。

こういうお店は、最初のきっかけは、ロックやレゲエだったりしますが、結局はそのお店の雰囲気や集まっているお客さんやマスターが好きで通い出すというスタイルです。実はこのスタイルのお店、料理人としての修業や、本格的なカクテルを作るバーテンダーとしての修業が、そこまでは必要でないため、比較的みんな簡単に始めてしまいます。

そしてこういうバーは粗利がいいため、そんなに簡単には潰れません。でも、少しずつお客さんが離れていき、5年も続かないうちに閉めてしまうパターンが多いようです。しかし、『バー・ブレン・ブレン・ブレン』はいつ行っても大繁盛しています。そのあたりを聞いてみました。

――最初に経験した飲食業はなんでしたか？

宿口　『天丼てんや 本厚木店』ですね。オープニングスタッフを募集していて、オープニングスタッフなら従業員の上下関係がまだないので、一緒に始められて良いなと思って。3年くらい続けましたね。

――大学は青山学院大学ですよね。卒業したら就職しようとは思わなかったんですか？

宿口　バンドやDJをやっていたので、漠然と音楽の仕事をしたいなと思っていました。大学は6年行ったんですが、5年の頃に『ソウル・ブラザーズ』というレコード屋で働いていました。それと同時に、渋谷の『ミリバール』でも働き始めたんです。

――ミリバールはどういうきっかけで働き始めたんですか？

宿口　僕の友達が常連だったんです。レコード屋のバイト後、そいつに「俺がよく行く店に行こうよ」と連れて行かれたのがきっかけです。そしたら、ミリバールのオーナーの清野さんから、「ちょうど今いるバイトが辞めるから、うちで働かない？」と誘われたんです。

30歳までに開業することを決意

——バーで働き出して、「この仕事、酔っぱらいもいるし大変だな」と思いませんでしたか？

宿口 それよりもバーの魅力がすごかったですね。今まで地味な仕事だったので、ミリバールには有名なミュージシャンやテレビに出ている人がふらっと来ていて、「東京に住んでる感」がすごくありました。

——ああ、ミュージシャンって、クラブとかじゃなくてこんな小さなバーで飲んでいるんだ、って若い頃に気づきますよね。

宿口 もうそこで、バーをやる方向にシフトしましたね。レコード屋で働いていた時は「レコード屋やりたい」って思っていたんですけどね。

——レコード屋やりたいですよね。どうしてやらなかったんですか？

宿口 知識の問題ですね。店をやる人って、音楽に詳しいだけじゃなくて、これがオリジナル盤かどうかとか、そういうことも詳しいんです。

あと、僕が働いていたレコード店の社長は、英語がペラペラで、自分でレンタカーを借りてヨーロッパやアメリカへ買い付けに行ったりしていたんです。それを見て、「こういうお店はこんなに大変なのか」と思ったのもありますね。

——お店はいつぐらいにやろう、どんなお店にしようと考えましたか？

宿口　当時24、25歳で「30歳までにはやろう」と決めました。やりたい、やりたいと言って、やれないのって恥ずかしいじゃないですか。お店はまさにミリバールみたいにしたいと思っていました。

――ＤＪが入るバー、ライブがあるバーは考えませんでしたか？

宿口　考えませんでした。当時、ＤＪといえばダンスミュージックをかけるのが当然だったので、それだけだとちょっとなと思って。バーだとスローな音楽もかけられるじゃないですか。あと、今でこそライブ好きですけど、当時は録音物を聞く方が好きだったんですよね。

色々な店で働くことの大切さ

――料理のお店で働いておこうとか、ちゃんとしたカクテルの技術が学べるお店で働こうと思いませんでしたか？

宿口　渋谷のカフェ『アプレミディ』で働いていた時に、ヘルプで来てくれていたバーテンダーの人にカクテル技術を教わりました。その人、渋谷のＮＢＡ（日本バーテンダー協会）の渋谷支部長のお店でずっと働いていたバーテンダーの方だったんです。その頃、色んなお店に行きまし

渋谷●bar blen blen blen

写真は黒豆と豚肉を一緒に煮込んだシチュー、「フェイジョアーダ(ライス付き)」1000円。
ブラジルの代表的な料理の一つで、スパイシーな味わいが魅力。

たね。振りもの（シェイカーを使ったショートカクテル）を調子こいて頼んでいました。

でも、今思うと、もっと色んなお店で働いた方が良かったなと思います。例えば、僕、この店の坪数くらいのお店でしか働いたことがないんですよ。でも、グローバルダイニングみたいなお店で働いて、オペレーションが肌感覚でわかるようになっていたら、すぐに2店舗目の回し方もわかっただろうなと思います。

当時はこの店がこんなに順調にいくとは思っていなくて、1店舗を出すことが最終目標になっていたんです。でも、僕と同い年の人たちって、みんな2店舗目、3店舗目を出すのが早いんですよね。彼らはお金の借り方なんかもちゃんと勉強していましたね。

家具やカウンターは自作で用意

――このお店のコンセプトに決まった経緯は？

宿口　最初はソウルやジャズがかかっているバーを考えていたんですけど、27歳くらいの時に、ブラジルのドラムン・ベースとかR&Bを聞いて、今のブラジル音楽って面白いなと感じて。でも、都内でレコードを探してもあんまりないんですよ。

それで地元群馬の大泉町のスーパーに行ったら、ＣＤなんですけどすごい量があったんです。大泉町はブラジル人が多い町なのでお店もたくさんあって、それで色々なところへ行きました。そのうち「これはブラジルに一回行かなきゃ」と思って、思い切ってブラジルに行きました。それで中毒になっちゃって、お店の方向性も完全にブラジルに決まりました。

――物件は最初から渋谷で探していたんですか？

宿口　そうです。でも、本当は桜ヶ丘が良かったんです。でも、全然物件がなくて、不動産屋さんに「その条件だったら、道玄坂に行った方が安いよ」と言われて。

――条件はどうだったんですか？

宿口　坪２万以下で10坪前後です。

――道玄坂はどうでしたか？

宿口　それまで遊びに来たことがなかったので、初めてだったんですよ。当時はこの辺怖い人もいっぱいいたんで。不動産屋さんに聞いたら、「この隣は事務所があってね」って教えてくれたりして。

――その問題って結構ビビりますよね。大丈夫でしたか？

宿口　「うちはオーナーさんが道玄坂の商店街組合の会長だから、絶対に大丈夫だ」と不動産屋さんが言ってくれたので大丈夫だろうと。ここすごく安いんですよ。

――資金はどうしましたか？

宿口　『ねぎし』で肉を切りまくるバイトをずっとやっていたのと、祖父が僕の開店資金としてお金を残してくれていたんです。まあオープンするのにそれは使ってないですけどね。

――内装はどうやったんですか？

宿口　全部、自分でやりました。ここ前は昭和のスナックで、内装がそのまま残っていたんです。ソファーが店内を囲むようにあって。それを全部友達と二人で壊しました。床の絨毯を剥がすのが一番大変でしたね。この棚も全部作ったし、可愛いタイルを買ってきて貼ったりして、とにかく全部自分でやりました。

――カウンターもご自分で作ったんですか？

宿口　カウンターをどうしようかと悩んでいる時に、たまたまミリバールに飲みに行ったんです。それで清野さんに「カウンター、どうやって作ったんですか？」と聞いたら、ちょうど設計した人が来ていて、作り方を教えてくれました。話をしていくうちに、作るには振動ドリルが必要だと言われて、それでどうしようかと思っていたら、今度は隣に目黒の家具屋さんの人がいて「振動ドリル貸してやるよ」と言ってくれたんです（爆笑）。そんな感じで自分で作ったんですが、ただ、声を大にして言いたいのは、やっぱり「プロに任せた方が良い」です（笑）。

2店目をやるなら路面店で

――オープン後、あっという間にお客さんが来た感じですか？

宿口 来ましたよ。でも1年でお客さんは全員入れ替わりました。最初は知り合いが来てくれていたんですけど、自分はブラジルに夢中で、ブラジル音楽をすごくかけているので、やっぱり昔の友達は離れていっちゃったんです。

――お客さんはブラジル音楽っていうコンセプトはわかった上で来てくれていますか？

宿口 ホームページを見てから来てくれるので、みんなわかってくれていますね。

――メニューが珍しいので、お客さんによっては少しわかりにくいですよね。どうしていますか？

宿口 一つひとつ説明をしますね。そうすることでお客さんとも距離が近くなりますからね。

――外国人は来ますか？

宿口 すごく来ます。やっぱりフランス人やオーストラリア人、カナダ人なんかも、ブラジル音楽が好きなんですよね。

――言葉は英語ですか？

宿口　英語とポルトガル語ですね。今はバイトを雇う時も英語を喋れるかどうかチェックしています。

――2店目は考えていますか？

宿口　2店目やりたいですね。ラテンカルチャーがすごく好きなので。ポルトガルも行ったらすごく良かったんですよ。そういうラテンの人たちがワインとか飲んでいる路面店をやりたいですね。値段はちょっと安めで、その分じゃんじゃん飲む感じで。

あとカシャーサ（※1）・バーをやりたいなと思っています。うちの店でもカシャーサ、すごく出るんです。去年もブラジルで40本くらい買ってきました。すごく小さい物件だったら失敗しないと思いますね。

他の業態で働くことも重要

――これから飲食店をやりたい人に何か一言いただけますか。

※1. サトウキビを原料とした、ブラジル原産の蒸留酒。

宿口　まず、固定費は下げた方が良いですね。僕の場合はこの店の家賃が渋谷の相場に比べて安いっていうことで、少し気楽になれている部分があるので。あとはプロに任せられるところはプロに任せろ、ですね。自分で作るのは楽しいんですけど本当に大変なので。

それと自分の反省でもあるんですけど、自分が開業をしようと思っている業種以外の業種でも働いておいた方が良いと思います。僕、何気に『天丼てんや』と『ねぎし』で働いていて学んだことが、今になって役に立っていますから。あとはお金を借りた方が良いと思います。返したら実績になるし、税金対策もできますしね。

「カイピリーニャ」は、ライムとたっぷりの砂糖をつぶして、クラッシュアイスとカシャーサを入れたカクテル。写真は、「セレッタ」というカシャーサを使用。ブラジルのミナス北部・サリナス産のもので、ストレートで飲むのもおすすめ。

取材を終えて…

宿口豪さん、この「ミュージック・バー」のスタイル、大都市の音楽好きが集まってくる夜のバーの空気、全てを愛しているんですね。僕もバーテンダー修業を始めた頃、「ミュージシャンや作家ってこういう場所で飲んでるんだ」と感じたことがあります。インタビューなどで、「下北沢のバーで聞かせてもらったレコードが」とか、そういう言葉がよく登場しますよね。「バーで楽しいことがあって、それが作品になったりする」ということを、僕も若い頃知りました。

でも、こういうバーは「マスターの接客」が全てなんです。マスターが気に入らない人は「出入り禁止」にするし、気に入った人は常連になれます。宿口豪さんは、そのあたりのさじ加減がすごく上手いんです。このスタイルのお店は古くならないし、実は「粗利」が大きくて廃棄する食材が少ないので、「お客様をたくさん呼べる自信」があれば、すごく儲かります。でも、何度も言いますが、マスターの接客が全てです。そういう意味では、音楽や人が好きで、脱サラして「大都市の人が、夜、集まる場所を作りたい」という人にはすごく参考になるお店です。是非、ブレンに行って身体で感じてみてください。

提供メニュー(一部)
◎サッポロドラフトビール…650円
◎カイピリーニャ…790円
◎グラスワイン…650円
◎ピカーニャ・ステーキ&山盛りポテト…1600円
◎フェイジョアーダ(ライス付き)…1000円
※価格はすべて税抜

開業データ
開業年月日:2006年1月23日

bar blen blen blen
☎03-3461-6533|渋谷
住所:渋谷区道玄坂1-17-12 野々ビル2F/営業時間:19時〜翌2時/定休日:日曜・祝日/坪数・席数:11坪・25席/客単価:3000〜4000円

あとがき

さてさて、いかがでしたか？

東京には色んな飲食店があって、色んな経営者がいますね。音楽に特化した飲食店、ワイン、ビール、コーヒー、外国料理、日本の伝統的な寿司や蕎麦や日本酒、ありとあらゆるスタイルのお店が、この東京にひしめいています。こんなに様々な飲食店がある街って、世界にそんなにないですよね。これ、理由がありまして、日本は新しく飲食店を始める際の参入障壁が低いんです。他の国では店舗を借りるのが難しかったり、アルコールを提供するのに免許が必要だったりと、「誰でも簡単にお店を始められる」という状況ではないようです。

しかし、日本の場合、僕たちちょっと頑張れば３００万円くらいは貯金できますよね。そして、不動産屋さんに行き、「このあたりで、家賃15万円くらいで飲食店がやれる物件を探しているんですが」と相談すると、うまくいけば物件が見つかりますし、内装は出来るだけ安くやってしまえば、最初に用意した３００万円以内で始められます。

そして、飲食店の良いところは「真似をしても良い」というところです。例えば、小説や音楽で真似をして作品を作ったら「盗作」と訴えられます。

でも、飲食店の場合は、海外を旅行していて、「ああ、日本にはこんなお店はないから、東京でこんなやったら流行るかもな」とか、「この料理美味しいなあ。すごく繁盛しているなあ」と思ったら、似たタイプのお店を別の街で始めると「繁盛する可能性」は十分あります。

例えば今、ＩＴ関連の会社を起業するとしたら、「全く新しいサービス」を提供しなくてはいけないし、さらにそれが「必ず当たる」とは言えないですよね。

でも、飲食店の場合は、この本を読んで、この人たちが経営するお店に通ってみて、「じゃあ自分だったら、あのビールはこの銘柄にして、８００円にするかな」とか「じゃあ自分だったら、あのお店とこのお店の良いところをくっつけて、こういう客層を狙おうかな」といったことを、かなり「アナログな考え方」で考えて、それを自分の手と足と頭を使って行動できます。

そしてお店を開店したら、もう上司に指図されたりはしません。「あのお客さんがこれを美味しいと言っていたから、今度はこんな料理、こんな飲み物を出してみようかな」という感じで、相手は全て目の前のお客様になります。

これがですね、やっぱり楽しいんです。僕、22年間、bar bossaというお店をやっているのですが、いまだに「これ美味しい!!」って言われると本当に嬉しいんです。

そしてこの本でも全ての経営者が語っていましたが、お店をやっているととにかく色々な人に出会えます。例えば、bar bossa、毎月５００人が来店してくれるんですね。22年で延べ13万人です。こんな面白い仕事、本当に他にないです。

正直、今ここで僕がこんな風に本を書いていられるのも、22年間、お店で色んな人たちに出会えたからです。僕がお店で、13万回「いらっしゃいませ」「ありがとうございました」と言って出会えた人たちは、僕の人生の財産になっています。ここで出会えたから、あなたにもこうやって出会えました。

あなたも、そんなお店やってみませんか？

日々の
vierge
rouge

林 伸次（はやし・しんじ）

1969年生まれ。徳島県出身。渋谷のワインバー『bar bossa（バールボッサ）』の店主。中古レコード店、ブラジリアン・レストラン、ショット・バーで働いた後、1997年に『bar bossa』をオープン。選曲CDやCDライナーとしての執筆を多数持つ。また、クリエイターと読者をつなぐサイトcakesで連載している「ワイングラスのむこう側」が累計アクセス数歴代1位になるなど著述業でも活躍。「ワイングラスの向こう側」（KADOKAWA）、「バーのマスターはなぜネクタイをしているのか?」（DU BOOKS）、「恋はいつもなにげなく始まってなにげなく終わる」（幻冬舎）など著書多数。

bar bossa

東京都渋谷区宇田川町41-23 第2大久保ビル1F

TEL:03-5458-4185

営業時間:月曜～土曜日 19時～24時

定休日:日曜・祝日

http://www.barbossa.com/

Twitter @bar_bossa

なぜ、あの飲食店にお客が集まるのか

22年続くバーのマスターが

人気飲食店オーナーに聞いた仕事と生き方のはなし

2019年11月27日 初版発行

著者 林 伸次

発行者 早嶋 茂

制作者 永瀬正人

発行所 株式会社旭屋出版

〒160-0005 東京都新宿区愛住町23番地2 ベルックス新宿ビルⅡ6階

TEL:03-5369-6423（販売部）

TEL:03-5369-6424（編集部）

FAX:03-5369-6431

https://asahiya-jp.com/

郵便振替 00150-1-19572

印刷・製本 株式会社シナノパブリッシングプレス

ISBN 978-4-7511-1400-1